HISTÓRIA DA ÁFRICA E AFRO-BRASILEIRA

Dados Internacionais de Catalogação na Publicação (CIP)
(Câmara Brasileira do Livro, SP, Brasil)

Melo, Elisabete
   História da África e afro-brasileira: em busca de nossas origens / Elisabete Melo e Luciano Braga. – São Paulo: Selo Negro, 2010. – (Consciência em debate / coordenada por Vera Lúcia Benedito)

   Bibliografia.
   ISBN 978-85-87478-40-5

   1. África - História 2. Discriminação racial - Brasil 3. Escravidão - Brasil - História 4. Identidade afro-brasileira. 5. Negros - Brasil. 6. Racismo - Brasil I. Braga, Luciano. II. Benedito, Vera Lucia. III. Título. IV. Série.

10-02513   CDD-305.896081

Índice para catálogo sistemático:
1. Negros no Brasil: Sociologia   305.896081

Compre em lugar de fotocopiar.
Cada real que você dá por um livro recompensa seus autores
e os convida a produzir mais sobre o tema;
incentiva seus editores a encomendar, traduzir e publicar
outras obras sobre o assunto;
e paga aos livreiros por estocar e levar até você livros
para a sua informação e o seu entretenimento.
Cada real que você dá pela fotocópia não autorizada de um livro
financia um crime
e ajuda a matar a produção intelectual de seu país.

HISTÓRIA DA ÁFRICA E AFRO-BRASILEIRA

Em busca de nossas origens

Elisabete Melo
Luciano Braga

Consciência em debate

SELO NEGRO EDIÇÕES

HISTÓRIA DA ÁFRICA E AFRO-BRASILEIRA
Em busca de nossas origens
Copyright © 2010 by Elisabete Melo
e Luciano Braga
Direitos desta edição reservados para Summus Editorial

Editora executiva: **Soraia Bini Cury**
Editora assistente: **Andressa Bezerra**
Coordenadora da coleção: **Vera Lúcia Benedito**
Projeto gráfico de capa e miolo: **Gabrielly Silva/Origem Design**
Diagramação: **Acqua Estúdio Gráfico**
Impressão: **Sumago Gráfica Editorial**

1ª reimpressão

Selo Negro Edições
Departamento editorial:
Rua Itapicuru, 613 – 7º andar
05006-000 – São Paulo – SP
Fone: (11) 3872-3322
Fax: (11) 3872-7476
http://www.selonegro.com.br
e-mail: selonegro@selonegro.com.br

Atendimento ao consumidor:
Summus Editorial
Fone: (11) 3865-9890

Vendas por atacado:
Fone: (11) 3873-8638
Fax: (11) 3873-7085
e-mail: vendas@summus.com.br

Impresso no Brasil

Dedicamos este livro à nossa família,
em especial a Luísa, Artur, Sandra, Vinicius
e Fabrício. Obrigada pela compreensão,
pelo companheirismo, amor, carinho
e dedicação em tempo integral.
Aos mestres e colegas que nos
proporcionaram desenvolvimento
e crescimento durante nossa formação.
A todas as pessoas que fizeram parte
da nossa vida e levaram à realização
deste livro.

Agradecimentos

Aos nossos alunos, por colaborarem com seus relatos.

Aos diretores, coordenadores, professores, funcionários e alunos do Centro Integrado de Educação de Jovens e Adultos de Campo Limpo (Cieja-CL), por nos permitirem vivenciar, na prática, a educação democrática.

A Deus, que sempre nos iluminou, dando-nos força para vencer todos os desafios.

Introdução

Ao longo da história do Brasil, o negro passou por várias fases – desde o período em que foi trazido, escravizado, de vários países do continente africano para cá até os dias atuais. Sua história foi contada por diversos escritores, que retrataram sua contribuição cultural no processo de colonização ou sua participação, de forma submissa, como escravizado que esperava, de maneira muito natural, ser libertado e integrado à sociedade. Outros autores procuraram resgatar apenas as lutas pela liberdade em regiões específicas do país, enfocando as batalhas e as derrotas sofridas durante o processo de escravidão. Há ainda estudiosos mais audaciosos que focalizaram alguns heróis, como Zumbi dos Palmares[1], mártir

....

1. Zumbi dos Palmares (1655-1695): líder do mais famoso quilombo da história do Brasil, o Quilombo dos Palmares, é considerado um dos principais nomes da resistência negra contra a escravidão. O dia 20 de novembro tornou-se o Dia Nacional da Consciência Negra em sua homenagem, pois nessa data ele foi morto por seus captores.

do processo de resistência contra as autoridades coloniais do século XVII. Todavia, são poucos os autores que têm retratado a história da participação efetiva dos escravizados africanos no processo de formação do povo brasileiro e da real herança cultural que nos deixaram.

Na educação não tem sido diferente. Pouco se fala da inclusão do negro no processo educacional; da exclusão da classe trabalhadora dos meios acadêmicos; do preconceito racial no processo educacional; da invisibilidade do negro nos meios midiáticos, livros didáticos e paradidáticos; enfim, da história da formação do povo brasileiro no processo educacional.

Atualmente, vivemos outro processo histórico, graças ao esforço dos movimentos sociais negros, que há décadas vêm reivindicando a revisão histórica com relação à contribuição negro-africana em todos os aspectos da vida social, cultural, política e econômica na sociedade brasileira. Consequentemente, pesquisadores contemporâneos, grupos de resistência, organizações não governamentais, organismos internacionais e até mesmo o governo federal vêm se empenhando nesse sentido.

Este livro tem por objetivo mostrar – por meio de vivências e práticas relatadas em sala de aula – um pouco do que está sendo feito, na educação, para valorizar a participação do negro em todo o processo histórico e cultural brasileiro.

Nossa experiência profissional diária como professores permite-nos afirmar: a) que há muitos colegas de profissão que desejam concretizar a inserção da "cultura africana" no currículo escolar, naturalizando o emprego desse conteúdo em suas ações cotidianas; b) que muitas crianças, jovens e adultos necessitam de referências identitárias positivas, essas tantas que a educação pode proporcionar.

O livro está dividido em nove capítulos, que abordarão a história do continente africano, o período de escravização, a vinda para o Brasil de milhões de africanos e o período pós-abolicionismo. A escola onde parte da história se desenrola não é fictícia. Os Centros de Integração de Jovens e Adultos (Ciejas) são uma modalidade de Educação de Jovens e Adultos que funciona em horários diferenciados, a fim de acolher aqueles que pretendem voltar aos bancos escolares. Os Ciejas têm turmas que vão da alfabetização até o 9º ano. Para atender melhor o público e garantir um estudo de qualidade, baseiam-se em módulos e garantem ainda a dupla docência em sala de aula.

No primeiro capítulo, introduziremos um personagem que, ao retornar aos bancos escolares depois de um período afastado dos estudos, começa a fazer descobertas sobre sua origem, consequentemente descobrindo uma África que nunca lhe tinha sido mostrada. Nesse capítulo serão citadas cartas baseadas em fatos reais sobre atos de preconceitos e discriminação.

No segundo capítulo, faremos uma viagem aos primórdios da humanidade, abordando seu surgimento. O terceiro capítulo mostrará a África antes do período colonial, ressaltando as riquezas e os costumes de um povo que vivia conforme os ensinamentos de seus antepassados. O quarto capítulo abordará o tráfico negreiro para as Américas. Do quinto ao nono capítulo, percorreremos o caminho dos escravizados até a liberdade conquistada no Brasil, ressaltando os quilombos e os vários personagens marcantes da história que sempre estiveram à frente da luta por um país igualitário.

Ao final, sugerimos aos professores atividades práticas que podem ser realizadas com os alunos, sempre com o objetivo de discutir criticamente a participação do negro e sua importância histórica na sociedade brasileira.

Em todos os capítulos o personagem principal da história fala sobre sua vida e sobre as mudanças ocorridas depois que ele retomou os estudos e conheceu um pouco mais sobre sua verdadeira origem. Nesse contexto, procuramos ressaltar as histórias de resistência e os heróis negros que normalmente não são citados nas escolas. Dessa forma, almejamos contemplar a implementação da Lei n. 10.639/03[2] e, ao mesmo tempo, reforçar a urgência de ações concretas na educação.

Este livro pretende contribuir para um novo momento na formulação de políticas de combate à discriminação etnorracial na educação. Nesse sentido, surge de um desejo coletivo de compartilhar descobertas, experiências e saberes advindos de uma trajetória de estudo, aprendizado e, também, de muita esperança. Sugerimos que professores e alunos permitam-se mergulhar no mundo da leitura, da imaginação e da criação. Esperamos que, ao emergirem desse mundo, tragam consigo um encantamento oriundo de uma fonte de novidades, curiosidades e riquezas culturais mantidas tão distantes. Convidamos todos a participar dessa aventura.

....

2. A Lei n. 10.639/2003 estabelece a obrigatoriedade do ensino de História e Cultura Afro-Brasileira nos estabelecimentos de ensino, tendo como conteúdo programático o estudo da História da África e dos africanos, a luta dos negros no Brasil, a cultura negra brasileira e o negro na formação da sociedade nacional, resgatando a contribuição do povo negro nas áreas social, econômica e política pertinentes à história do Brasil.

1
A minha história

Vou contar um pouco da minha história. Meu nome é Luiz Benedito Cruz, mas todos me conhecem por Lube. Tenho 24 anos, sou filho único e nasci na cidade de São Paulo. Meu pai se chama Benedito Cruz e nasceu no estado de Alagoas; minha mãe, Maria da Luz Cruz, nasceu no estado de Minas Gerais. Eles se conheceram em 1980, quando minha mãe foi para Alagoas em busca de trabalho. Após o casamento, em meados de 1985, resolveram mudar-se para São Paulo em busca de uma vida melhor. Nesse período ocorreu um grande marco da história do Brasil: o fim da ditadura militar.

São Paulo sempre foi um lugar de oportunidades, e meus pais, assim como outros, saíram de sua terra natal à procura de uma vida melhor e de oportunidades de emprego. A vida aqui nunca foi fácil, pois mesmo morando nessa cidade meus pais nunca tinham conseguido emprego fixo. Passamos por muitas dificuldades. Várias vezes meus pais quiseram voltar para Alagoas, mas, sem dinheiro, o que iam fazer lá? Viver na casa de parentes e depender dos outros até para comer? Não, isso eles não queriam. Ficamos e lutamos.

Nunca imaginei que minha vida um dia poderia ser diferente daquela que meus pais e muitos outros acreditavam já estar traçada... Na escola, quase não ouvimos falar sobre as nossas origens, a não ser que os africanos vieram para o Brasil como escravizados e que depois de trezentos anos a Princesa Isabel, muito boazinha, os libertou. E eles lá no continente africano, não eram nada? Não tinham família? Não tinham nome e sobrenome? Não trabalhavam? Vieram simplesmente porque eram vendidos?

Essas perguntas não me saíam da cabeça, e em casa meus pais também não diziam nada. Apenas comentavam: "É assim mesmo, filho, deixe pra lá... O que isso importa pra você? Você vai ser sempre preto... Vai fazer alguma diferença saber essa história? Isso vai fazer você ganhar mais, ficar rico ou coisa parecida?" E logo mudavam de assunto.

Eu nunca me conformei com esses argumentos. Por que meus pais nunca se interessaram em saber mais sobre nossa origem? Por que sempre repetiam o mesmo discurso? Nunca gostei de conformismo. Sei que de alguém eu herdei esse traço. Já que não foi dos meus pais, deve ter sido de alguém mais distante!

Enfim, o tempo foi passando e, aos 14 anos, precisei abandonar os estudos para trabalhar. Eu estava na 8ª série[3] e faltavam apenas quatro meses para acabar o ano. Tive de parar de estudar para ajudar meus pais, que estavam desempregados. A oportunidade de emprego surgiu por meio

....
3. Atual 9º ano.

de um amigo do meu pai que era vendedor ambulante. Ele precisava de alguém com urgência, uma vez que tinha conseguido comprar um ponto no farol pertinho da minha casa. Prometeu-me R$ 20 por dia, mas eu teria de trabalhar das sete da manhã às oito da noite. Ele disse também que eu poderia descansar um pouquinho, desde que não perdesse a hora em que o trânsito parava – que era das cinco da tarde às sete da noite.

Meu pai não pensou duas vezes e combinou tudo com o amigo. Não quis nem saber se eu concordava. No dia seguinte, lá estava eu no farol, vendendo um monte de bugigangas – parecia um bazar misturado com passista de escola de samba. Eu tinha peças de *video game* nos bolsos, carregador de celular pendurado no pescoço, saquinhos de bala nas mãos e uma porção de bonés na cabeça. Não avisei na escola que ia ter de parar por um tempo. No meu íntimo, eu sabia que não ia ser apenas "por um tempo". Eu estava entrando no mesmo caminho do meu pai, que interrompeu os estudos para trabalhar e nunca mais voltou à escola!

Meu pai me contou que não terminou nem o ensino fundamental porque teve de trabalhar mais cedo do que eu. Ele era ajudante na feira. Tomava conta dos carros e carregava sacolas para as madames. E assim foi levando a vida. Não retomou os estudos, repetindo o mesmo discurso: não tinha tempo, não adiantaria nada voltar a estudar... Os anos foram passando e ele continuou fazendo bicos. E então os bicos acabaram – os responsáveis pelas "contratações" precisavam de pessoas mais novas, com mais disposição e tempo, e eu tive de assumir o papel de "fazedor de bico".

Mamãe também parou de estudar cedo, na 7ª série[4], pelos mesmos motivos que meu pai: precisava trabalhar. Passou a cuidar de uma criança e exerceu essa função por vários anos. Depois começou a trabalhar como diarista. Hoje ela tem um problema na coluna e não pode mais passar roupa nem fazer faxina. Tentou voltar aos estudos, mas ficou só na vontade, pois assim que surgia um problema financeiro ela desistia.

Um dia, vendendo minhas mercadorias no farol, encontrei uma professora da escola onde estudava. Fiquei feliz com o fato de ela me chamar pelo nome, mas logo veio a decepção. Ela disse que acionaria o conselho tutelar se eu não voltasse para a escola e foi embora.

Engraçado, eu parei de ir à escola e ninguém nunca mandou recado algum pelos meus amigos, que são vizinhos, para saber se eu estava doente, vivo ou morto. A escola não se importou em momento nenhum comigo e a professora veio falar de conselho tutelar?

A vida na rua não é fácil. As pessoas se escondem, pensam que todos os que trabalham nos faróis querem roubar o relógio, a carteira ou o celular dos motoristas. Estes fecham logo o vidro, e alguns ainda xingam. Mas há também gente boa que ajuda, e às vezes até sai alguma conversa.

Após seis meses como vendedor ambulante ou "pedinte" de farol, resolvi fazer alguma coisa para mudar de vida. Mas como arrumar outro emprego se eu não tinha sequer o ensino fundamental completo? Além do mais, não tinha tempo nem para tentar procurar outro bico.

....

4. Atual 8º ano.

Foi aí que caiu do céu uma alma boa. Estava chovendo, e é lógico que eu estava vendendo guarda-chuvas e capas. Uma senhora parou o carro, baixou o vidro e foi logo perguntando quantos anos eu tinha. Respondi que estava quase com 17 e fui dando as costas. Ela tornou a me chamar e perguntou se eu estava estudando. Eu disse que não e resmunguei baixinho (bem que eu queria). Não sei se ela ouviu, mas parou o carro um pouco depois do farol e me chamou. Confesso que fiquei um pouco desconfiado, mas fui. Ela perguntou por que eu não estava estudando e se eu não tinha vontade de voltar para a escola. Respondi que não tinha tempo, pois trabalhava o dia todo e parte da noite. Eu só tinha uma brechinha à tarde. Então ela me aconselhou a ir até uma escola, ali pertinho, para conversar e explicar o meu caso. Contou que eu podia estudar em um horário especial e que, se eu quisesse realmente estudar, ela conseguiria uma vaga para mim. Deu-me o endereço e foi embora.

No dia seguinte, compareci ao tal endereço. Estranhei um pouco: nem parecia escola. O portão estava aberto, havia pessoas de todas as idades circulando, inclusive indivíduos com diversas deficiências. Entrei e fui muito bem recebido. Expliquei meu caso na secretaria e uma pessoa muito atenciosa disse que teria um horário para mim, entre 12h45min e 15h, e falou um pouco sobre o funcionamento da escola, que segundo ela era destinada à Educação de Jovens e Adultos. Mas, diferentemente das instituições de ensino especializadas em EJA, aquela era um Centro Integrado, que contava com horários diferenciados para atender pessoas que não tinham muito tempo para estudar. Era tudo de que eu precisava. Não deu outra. No dia seguinte lá estava eu, estudando novamente.

Achei tudo muito peculiar. Havia dois professores em sala de aula. Alguns alunos discutiam algumas frases escritas na lousa; outros liam o caderno e diziam coisas completamente diferentes. Uns falavam de matérias, outros liam poesia. Depois os professores começaram a ler algumas cartas que tratavam de preconceitos sofridos em diversas situações. Confesso que nunca tinha visto nem ouvido nada igual.

O mais estranho foi o que veio a seguir. Pediram-nos para ir ao tal "piso azul", um pátio com o chão pintado de azul em um local aberto, localizado no centro da escola, em um ponto estratégico. Obrigatoriamente todos os que circulavam pela escola tinham de passar no seu entorno, que era rodeado por algumas árvores e plantas. Quando lá chegamos, houve uma apresentação de dança africana.

Fui embora querendo mais. Não acreditava no que vira.

No dia seguinte, após todas as reflexões propostas pelos professores, começaram as atividades. Nesse momento, três alunos disseram que queriam ler suas cartas sobre o assunto da aula anterior, o preconceito. Os professores nos pediram que prestássemos bastante atenção, e como mágica todos pararam de conversar e se concentraram.

Uma moça leu a primeira carta:

Sou A. F. S., negra. Conheci um rapaz de família branca e nos apaixonamos. Começamos a namorar e fizemos muitos planos, até que um dia fomos a uma festa na casa de um parente dele. A família toda estava lá. Muitas pessoas estavam curiosas para me conhecer. Percebi olhares de espanto, principalmente das pessoas mais velhas. Os pais dele não ficaram perto de mim. De longe, eu reparava nos olhares reprovadores e nos comentários em voz baixa. Queria sair de lá correndo, mas por ele resisti e ficamos um pouco mais. Na hora de irmos embora, aproximei-me dos meus futuros sogros, agradeci o convite e disse que fora um prazer conhecê-los. Eles me trataram com frieza e se afastaram logo. No retorno para minha casa, J. C., meu namorado, disse que depois conversaríamos. Fiquei calada o trajeto todo. Passados alguns dias, J. C. me disse que estava triste porque seus pais não aceitavam que eu fosse sua namorada, muito menos sua esposa, pelo fato de eu ser negra. Ele chorou muito e me pediu perdão. Disse que poderíamos continuar namorando sem que os pais dele soubessem. Aquilo foi a gota d'água. Eu disse que não toleraria aquilo e terminei o namoro.

O tempo passou e casei-me com outra pessoa, com quem tive duas filhas. O casamento acabou e, para resumir a história, passados doze anos voltei a encontrar meu ex-namorado. Ele também estava separado, mas os nossos sentimentos só estavam adormecidos. Desta vez não tivemos dúvidas. Decidimos morar juntos e somos felizes desde então. Agora a família dele me trata bem e o pai pediu-me desculpas, reconhecendo que agira de forma racista comigo.

Em seguida, outro rapaz começou a ler:

Certa vez, deixei de conseguir um excelente emprego devido à cor da minha pele. Eu havia enviado um currículo a uma empresa e em pouco tempo me ligaram para saber mais sobre minha experiência profissional e minha formação. Fiquei horas ao telefone com o recrutador. Ele disse que meu currículo era impressionante e que a vaga já estava garantida. No dia da entrevista, lá estava eu, cheio de esperança. Porém, ao me receber, o recrutador ficou visivelmente chocado pelo fato de eu ser negro. Quis conferir minha identidade para ver se não havia ocorrido nenhuma fraude. Ele nem se deu ao trabalho de me aplicar o teste. Disse simplesmente que a vaga tinha sido preenchida e que eu podia ir embora.

Uma terceira carta foi lida por uma senhora:

Sou negra, meu marido é branco e tenho dois filhos com características mistas. Posso dizer que são "moreninhos". O terceiro filho é bem branquinho, mais parecido com o pai. Esse meu filho branco tem vergonha de mim.

Desde pequeno, ele não me apresentava como mãe na escola nem aos coleguinhas do futebol. Nas reuniões de pais e mestres, ele não ficava ao meu lado. Chegou a dizer que eu trabalhava na casa dele. Os coleguinhas nem duvidaram. Sempre me viam no quintal, no portão, no mercadinho do bairro.

Apesar de eu nunca ter sido discriminada pela família do meu marido ou por amigos, esse meu filho sempre me tratou assim. O tempo foi passando e eu pensei que ele mudaria de comportamento quando amadurecesse. Engano meu. Ele está com 19 anos e me rejeita do mesmo jeito. Evita estar perto de mim nos passeios. Quando vai, fica sempre ao lado do pai. Já conversamos sobre o assunto; eu disse a ele que eu e minha família somos diferentes da família do pai, mas somos pessoas. Falei que sou a mãe dele e ele está sendo racista com a própria mãe. Meu marido sempre me defendeu, mas em vão. Agora esse meu filho está namorando e quer se casar. A moça, que é branca e loira, disse que não quer correr o risco de ter um filho "de cor".

A leitura das cartas comoveu a todos. Fiquei encantado.

Os professores, então, pediram que imaginássemos como e onde se deu o aparecimento do ser humano na Terra. Deveríamos colocar as ideias no papel e discuti-las na próxima aula.

2
O Vale da
Grande Fenda

No dia seguinte, após todas as reflexões propostas pelos professores, começaram as atividades. Eles pediram que relatássemos como e onde surgiu o ser humano na Terra. Os alunos falaram de Adão e Eva, do homem-macaco, de extraterrestres... Foi muito engraçado. Em seguida, os professores perguntaram se mais alguém queria falar sobre o assunto, e então tomei coragem. Disse que eu tinha escrito algumas coisas sobre o tema e comentei que o homem tinha sido criado por um ser superior – provavelmente Deus – e que Ele deveria ter feito vários homens e mulheres e os espalhado pelo mundo, do contrário não daria para povoar locais tão distantes e separados por enormes oceanos. Todos aplaudiram; senti-me um verdadeiro escritor, pois tinham me deixado falar e minha opinião parecia ter importância.

Após uma longa discussão, os professores mostraram imagens antigas das primeiras civilizações do globo, antes da separação dos continentes. Deu-se então a minha maior surpresa: o homem supostamente surgira no continente africano! Vibrei! Todos me olharam, mas eu não estava nem aí. Nunca tinha ouvido aquilo antes! Mesmo sendo uma suposição, os professores nos mostraram que o fóssil mais antigo da espécie humana teria sido encontrado no Vale da Grande Fenda[5] (também conhecido como Vale do Rift), na África, aos pés da Montanha da Lua (na atual Uganda). Aparentemente, os primeiros humanos partiram dali para povoar o resto do mundo.

Em seguida, os professores pediram que escrevêssemos nossas hipóteses sobre o que seria o Vale da Grande Fenda. Olhei para o lado e fiquei pensando no que aquilo ia dar. Afinal, havia tantas pessoas diferentes na sala de aula... Jovens como eu, dois alunos cegos, uma cadeirante e um com síndrome de Down, senhoras evangélicas e alguns garotos que diziam o tempo todo ter encontrado Jesus. Nunca imaginei estudar em um lugar com tanta diversidade! Isso tudo me deixava curioso e entusiasmado. Infelizmente, a aula acabou e a discussão ficou para o outro dia. Eu não via a hora de poder ouvir o que os colegas tinham a dizer e dar minha opinião.

Na outra escola em que eu estudava, eram sempre os mesmos alunos que liam e comentavam – quando algum professor lhes dava abertura para isso. Lembro muito bem que os professores sempre olhavam para os mesmos alunos, aqueles que só tiravam nota 10, estavam bem-arrumados e, por coincidência (ou não), eram brancos. Não me

....
5. Localizado entre o norte da Síria e o centro de Moçambique, o Vale da Grande Fenda é um complexo de falhas tectônicas, região caracterizada por vulcões inativos.

História da África e afro-brasileira

lembro de nenhum professor dirigir-se a mim, a não ser na chamada ou para dizer: "Por que você não para logo de estudar? Com essas faltas, você não vai conseguir acompanhar a turma!" Nunca ninguém quis saber o motivo. Aliás, esses professores faziam comparações com os alunos que nunca faltavam e, por sinal, eram os privilegiados: podiam ir ao banheiro a qualquer hora, auxiliavam o professor em sala etc. Aquilo me irritava. Sei que aqueles colegas não tinham culpa dos privilégios, mas ficava com "raiva" deles por causa dos professores. Enfim, histórias do passado!

Passei no farol, vendi algumas bugigangas e fui para casa. Chegando lá, escrevi um pouco no diário de bordo, que era item obrigatório na escola. Tínhamos de escrever sobre a aula a que acabáramos de assistir ou sobre qualquer assunto que nos interessasse. Resolvi desabafar sobre o dia a dia no farol. Quando me dei conta, já tinha escrito várias páginas, coisa que jamais havia feito antes, a não ser as tarefas escolares de cópia. E naquele momento eu estava escrevendo sobre minha vida. Que coisa maluca!

No dia seguinte, cheguei mais cedo à escola e fui ao laboratório de informática para pesquisar sobre o Vale da Grande Fenda. O professor me ajudou bastante. A bem da verdade, eu mal sabia ligar um computador. Fiz todas as anotações importantes sobre o assunto e rumei para a sala de aula.

Eu estava ansioso para ler, experiência que nunca havia acontecido na outra escola. Começaram as leituras, e quem mais me chamou a atenção foi uma senhora evangélica que abordou o assunto da criação do mundo. O professor, tranquilamente, disse que todos tinham o direito de dar sua opinião, assim como ele tinha a obrigação de falar sobre esses assuntos, tanto na visão criacionista[6] quanto na visão evolucionista[7].

Chegou a minha vez. Comecei a ler sobre o meu cotidiano no farol. Falei do desprezo, da discriminação e do preconceito que por vários momentos sofri. Também falei dos momentos legais e, principalmente, de quando a professora convidou-me para conhecer aquela escola maravilhosa. Quando terminei, observei, entre os aplausos, alguns olhares lacrimejantes. Aquilo me emocionou muito!

Após os comentários, iniciamos a discussão sobre o assunto da aula. Depois de ouvir os alunos, os professores mostraram um mapa muito grande do Vale da Grande Fenda e explanaram o assunto. Intitularam a aula de "África – Berço da humanidade". Aquele assunto penetrava em mim como se fosse algo mágico. Eles diziam:

"O Vale da Grande Fenda é como uma enorme cicatriz na crosta da terra, ao leste do continente africano. Trata-se de uma grande depressão, caracterizada por vulcões extintos ou inativos e lagos tectônicos, que se inicia no norte de Israel e termina nos lagos da África. Os fósseis mais antigos de nossos ancestrais foram encontrados nesse Vale, formação que atravessa a Etiópia, o Quênia e a Tanzânia. Milhões de anos depois, o *Homo erectus*[8] teria partido dessa

....

6. Criacionismo: doutrina baseada no Gênesis bíblico, segundo a qual o mundo foi criado por Deus a partir do nada.

7. Evolucionismo: teoria científica que defende a evolução das espécies ao longo do tempo, resultado constante de um processo evolutivo.

8. *Homo erectus*: espécie de hominídeo que viveu entre 1,8 milhão de anos e 300 mil anos atrás.

região para povoar a Ásia e a Europa, onde se transformou no homem de Neandertal[9]. Os que continuaram na África evoluíram para a espécie *Sapiens*, que mais uma vez migrou para as mais diversas regiões do planeta."

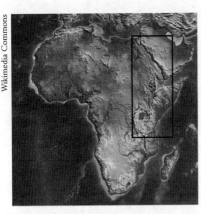

O Vale da Grande Fenda.

No término da atividade, os professores lançaram uma pergunta: se a África foi o berço da humanidade, somos todos descendentes de africanos?

Mais uma vez, saí com a cabeça cheia de interrogações. Aonde aqueles professores queriam chegar?

....

9. Neandertal: espécie de hominídeo que viveu entre 300 mil anos e 29 mil anos atrás.

3
Em busca da minha origem: a África pré-colonial

Aquela pergunta não me saía da cabeça. Será que todos somos afrodescendentes[10]?

Passei a noite pensando nisso e se meus pais nunca mudariam de ideia sobre a importância do estudo.

Na aula seguinte, lá estavam outras perguntas destacadas na lousa: quem somos? De onde viemos? Para onde vamos?

Os professores explicaram que as perguntas estampadas na lousa serviam para conhecermos a nós mesmos e aos outros, para nos definirmos e nos identificarmos. Também eram úteis para criar um sentimento de pertencimento a um ou vários grupos e para conhecer a realidade (presente, passada e futura). Aprender sobre o Brasil é entrar em contato com a história e a cultura de vários outros povos que contri-

....

10. Segundo Nei Lopes (2004, p. 38), "afrodescendente" é o "termo modernamente usado no Brasil para designar o indivíduo descendente de africanos, em qualquer grau de mestiçagem. [...]"

Elisabete Melo e Luciano Braga

buíram, com sua bagagem e suas memórias, para a construção deste país e na produção da identidade brasileira.

Os professores pediram que fizéssemos uma roda e perguntaram a cada um: de onde você veio? De onde vieram seus pais? Todos aproveitaram a oportunidade para contar um pouco da sua história e da dos familiares. Alguns se emocionaram ao relembrar as pessoas que ficaram em outros estados.

Após a roda de conversa, entregaram-nos um mapa do Brasil dividido em estados para que localizássemos os lugares citados pelos colegas. Aquilo gerou discussão nos grupos porque muita gente não conseguia se localizar no mapa. Uns não sabiam a que estado pertencia a cidade em que os pais nasceram, outros não se lembravam... Mas, com o auxílio dos professores, conseguimos terminar a tarefa. Em seguida, montamos uma tabela e um gráfico com a porcentagem de alunos e familiares que tinham vindo de outros estados que não São Paulo. Quanta diversidade! Para terminar a aula, os professores nos encomendaram uma pesquisa com nomes, fotos, cidade de origem e o máximo de informações sobre nossos antepassados, até a geração dos bisavós.

Após um longo e exaustivo dia de trabalho, voltei para casa e fui correndo procurar o álbum de fotos da família. Com ele em mãos, resolvi perguntar aos meus pais sobre nossos antepassados. Ouvi, espantado, meu pai dizer que seus bisavós moravam em um quilombo[11] que ficava em Palmares,

....

11. Segundo a historiadora Beatriz Nascimento (MEC/Secad, 2006, p. 140), "do final do século XIX até quase o final da segunda metade do século XX, os quilombos foram tratados na historiografia e na educação brasileiras como se restringindo a 'redutos de escravos fugidos' e à

Alagoas. Infelizmente, ambos haviam morrido vítimas de um ataque orquestrado pela polícia da época para destruir o quilombo. Seu avô sobreviveu e passou a viver com a família de outros refugiados.

No dia seguinte, os professores explicaram o que era árvore genealógica e pediram que montássemos a nossa, usando as fotos que havíamos levado. Quando chegou a minha vez de falar, contei a história dos meus antepassados. Para concluir, lemos textos sobre a diversidade de culturas e civilizações que compõem o povo brasileiro. De "lição de casa", cada aluno deveria responder a duas perguntas: de onde se originava sua família? O que ela tinha em comum com as histórias apresentadas? Deveríamos entregar o trabalho no final do mês.

Depois da aula, fui direto para casa. Eu estava eufórico demais para enfrentar o farol. Só pensava em aprender mais sobre a origem da minha família.

Na aula seguinte, os professores apresentaram esta proposta: "Observe os colegas da classe e tente eleger alguém que caracterize um autêntico cidadão brasileiro(a). Comente." Foi muito difícil escolher um único aluno. Cada um tinha características de diversos povos, especialmente dos africanos. Os professores então pediram que descrevêssemos um personagem que representasse o brasileiro típico, o que fa-

....

experiência do período escravista. No entanto, por todo o país, agrupamentos negros rurais, suburbanos e urbanos se constituíram não somente como fuga ou resistência direta ao sistema vigente, mas como uma 'busca espacial', em uma perspectiva dinâmica, na construção de um território que é social e histórico, através da manutenção e reprodução de um modo de vida culturalmente próprio".

cilitou o trabalho. Nós nos reunimos em três grupos e, após uma rápida discussão, cada grupo apresentou seu cidadão. Usando os dados apontados por todos, decidimos que teríamos dois cidadãos: um homem e uma mulher. Eles teriam cor indefinida, nem branca nem preta, mediriam aproximadamente 1,73 m e teriam entre 65 e 75 quilos. Depois dessa atividade, fomos embora.

Mais uma vez resolvi não ir ao farol. Eu estava cansado e com muitas dúvidas: não queria mais ser ambulante, mas ao mesmo tempo não contava com o apoio da minha família. Quando cheguei em casa, foi o caos. Possesso, o meu pai disse que tinha encontrado o Pezão, meu "patrão", e que ele estava muito bravo porque não tinha ninguém no farol. Gritou que, se eu continuasse daquele jeito, teria de parar de estudar – até porque eu tinha ficado "esquisito" depois que passara a frequentar a escola.

Resolvi então ignorar a bronca e perguntei: "Pai, em que cidade meus avós nasceram?" Ele ficou sem ação e gritou para minha mãe: "Seu filho está ficando maluco. Não foi trabalhar e só pensa naquela escola. Se continuar assim, vou tocá-lo pra fora de casa, pra ele ver o que é passar fome! Aí quem sabe ele dá valor ao trabalho!"

Fiquei alguns dias sem ir à escola. Não consegui fazer o trabalho mensal e achei melhor voltar para o farol. Mas não adiantou muito: na semana seguinte, lá estava a professora no farol, perguntando por que eu deixara de ir às aulas. Fiquei morrendo de vergonha, mas relatei a ela minha situação. Ela pareceu sensibilizada e perguntou onde eu morava. Expliquei e ela foi embora.

Quando voltei para casa, meus pais estavam sentados lado a lado, me esperando. Emocionados, pediram que eu me acomodasse perto deles e contaram a história de seus pais, avós e demais parentes. Contaram tudo de que se lembravam, e meus olhos se encheram de lágrimas com aquelas histórias tão bonitas e sofridas. Quando terminaram de falar, confessaram que a professora os havia procurado e pedira que eles apoiassem minha decisão de continuar estudando. Eles prometeram tentar, e eu me senti muito feliz. Depois de abraçálos, anotei todas as informações que eles me haviam dado.

No dia seguinte, ao chegar à escola, fiquei surpreso com o carinho dos colegas. Vários deles me perguntaram se estava tudo bem e disseram que eu tinha feito muita falta. Ali as pessoas realmente se importavam comigo.

Começando a aula, perguntei se eu poderia compartilhar com os colegas as informações sobre meus antepassados. A professora, feliz com minha participação, permitiu. Falei sobre a origem de meus pais e avós: da migração, de Alagoas e Minas Gerais, para São Paulo; da sofrida procura de emprego; da dispersão de vários familiares por outros estados brasileiros. Contei também que os avós de meus pais foram escravizados, e por isso minha família tinha origem africana.

Naquele instante, observei o painel que havíamos produzido sobre a árvore genealógica e notei que apenas três alunos da sala eram de origem europeia e um de origem asiática. Os demais descendiam de africanos. Também me chamou a atenção o fato de que dois alunos eram mestiços de origem indígena e africana, o que talvez explicasse a pele escura combinada ao cabelo liso.

Em seguida, os professores nos mostraram mapas da África, da América, da Ásia, da Europa e da Oceania. Enfatizaram o mapa do continente africano, fazendo-nos viajar por aquele território ainda desconhecido.

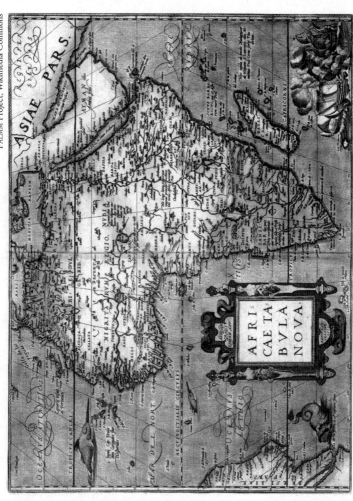

Mapa da África pré-colonial, desenhado por Abraham Ortelius em 1570.

Também mostraram um documentário sobre a África antes da invasão dos europeus. Essa África tradicional, também chamada de pré-colonial, foi durante muito tempo desprezada pelos historiadores. Era como se nada de importante existisse antes da chegada do homem branco. Esse eurocentrismo[12] acabou contribuindo para que o senso comum adquirisse uma imagem preconceituosa do continente africano e de seus habitantes[13].

Baseados em uma pesquisa bastante rica[14], os professores continuaram a aula.

Os primeiros relatos que revelam uma realidade vivida à época foram encontrados em manuscritos de mercadores mediterrâneos e em textos de historiadores islâmicos que viveram entre os séculos X e XII. Eles narram que o continente africano foi berço de diversas civilizações, sendo a egípcia mais conhecida. A origem de diversos reinos africanos é imprecisa, mas o primeiro de que se tem notícia é o de Aukar, conhecido hoje como Gana. Fundado provavelmente no século IV, foi grande produtor de ouro.

O rei recolhia impostos de todo o ouro extraído das minas de seu país. Os povos de Gana comercializavam o ouro em troca de sal e de outros produtos mediterrâneos. Os mercadores estrangeiros, por sua vez, pagavam tributos às

....

12. Eurocentrismo: influência política, econômica, social e cultural exercida pela Europa sobre outras áreas geopolíticas; modo de pensamento que prioriza os europeus em detrimento de todos os outros povos.
13. Os parágrafos seguintes foram baseados no site do Fórum África: www.forumafrica.com.br.
14. Para saber mais, consulte o site do Fórum África: http://www.forumafrica.com.br/historia_prePP.html.

comunidades cujos territórios precisavam atravessar para chegar à capital do império.

Essas comunidades, agrárias em sua maioria, praticavam o modo de produção doméstico, caracterizado pela formação de comunidades familiares e aldeãs, organizadas em torno da família ampliada (patriarca, filhos casados e solteiros, cativos etc.).

O intenso comércio de ouro e sal entre Gana e outras cidades propiciou o enriquecimento não só dos povos deste reino, mas também de vários outros que, direta ou indiretamente, participavam desse comércio.

Gana reinou absoluto até a expansão dos bérberes da costa atlântica da África, que deram origem à dinastia Almorávida[15]. Os almorávidas conquistaram Gana em 1077, depois de dominar as cidades de Sijilmasa e Audagoste, importantes centros comerciais. Os territórios do reino foram reduzidos e a maioria da população foi convertida ao islamismo e obrigada a pagar tributos.

O Império Almorávida chegou ao fim no século XII, sem haver revolucionado ou modificado as relações sociais de produção. Com sua derrota, o que então restara do reino de Gana foi dominado pelos sussu (ou sosso).

Nesse período, a população do Mali se expandiu e logo incorporou os territórios vizinhos, inclusive os dominados pelos sosso. Fortificava-se assim o Império do Mali, cujo domínio territorial se estendeu de Gana ao oceano Atlântico. A fundação desse império é atribuída a Sundiata, reconhecido

....

15. Almorávidas: grupo étnico da África do Norte que formava uma espécie de confraria religiosa, cujo maior objetivo era criar uma comunidade autenticamente islâmica.

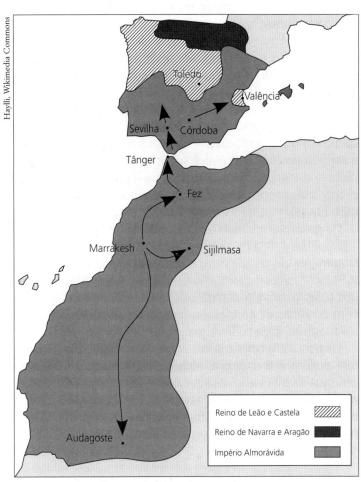

No auge de suas conquistas, os almorávidas penetraram a península ibérica, e toda a Espanha mulçumana foi anexada a seu vasto império.

chefe militar que assumiu o poder depois de impingir a derrota a vários povos. Sundiata dividiu a região em províncias, nomeou governadores para cada uma delas e estabeleceu a capital em Niani, bem mais ao sul da antiga capital de Gana, com o intuito de proteger-se de possíveis ataques dos nômades do deserto.

O império, entretanto, tornou-se conhecido graças ao soberano Mansa-Mussa, que, ao fazer uma peregrinação a Meca, no começo do século XIV, revelaria ao mundo árabe toda a riqueza do continente africano. De acordo com os relatos de historiadores árabes, Mussa teria levado a Meca 12 mil escravizados ricamente vestidos e oitenta carregamentos de ouro em pó.

Os governantes malinkes estenderam esse contato para a Tripolitânia (região da Líbia) e para o Egito, provocando o surgimento de cidades mercantis como Djenné e Tombuctu[16], localizadas no Mali. Tombuctu se transformou em um dos principais centros para os estudiosos de várias regiões, com centenas de escolas e uma população que incluía muitos médicos, juízes e livreiros.

Os reinos africanos mostravam, assim, organização e estrutura política e econômica. Muitos deles tinham a economia centrada na tributação, na agricultura e na produção de artesanato. Diversos reinos dominavam a ciência, a astrologia e a medicina, além de várias outras áreas do conhecimento. A economia de muitas dessas nações era autossuficiente.

....

16. Localizada no centro do Mali, Tombuctu caracteriza-se por ser historicamente um centro de tolerância religiosa e racial. Em 1988, foi considerada Patrimônio Mundial pela Organização das Nações Unidas para a Educação, a Ciência e a Cultura (Unesco).

Mesquita de Djingaraiber, em Tombuctu, erigida no século XIV.

Um exemplo eram os antigos egípcios, que desenvolveram técnicas impressionantes de construção. Entre esses sábios, um dos mais famosos é Imhotep, que viveu no Egito entre 2667 a.C. e 2648 a.C. Além de médico e conselheiro do faraó, Imhotep foi um dos maiores arquitetos da Antiguidade – o primeiro de que se tem registro em toda a história. Ele projetou a famosa pirâmide de Sacara, toda em degraus.

A terra, nas comunidades africanas tradicionais, era considerada um bem indivisível e explorada coletivamente. O parentesco constituía a base das relações sociais de produção. A mulher tinha papel importante, trabalhando na agricultura e até mesmo no comércio.

A pirâmide de Sacara, obra magnífica de engenharia.

Assim, muitas comunidades africanas viviam – e ainda vivem – em um sistema matriarcal: a mulher comanda a comunidade, tendo plenos poderes sobre o grupo ao qual pertence. Dessa forma, as relações de parentesco são determinadas pelas mulheres. Já no sistema patriarcal, também presente no continente africano, a liderança da comunidade era exercida pelo homem.

Na África, a família tinha – e continua tendo – suprema importância. Trata-se de uma família ampla, baseada na tradição e no respeito a qualquer um que faça parte da linhagem. O respeito pelo membro mais velho do grupo une a todos. O culto aos ancestrais também é uma das características dos povos africanos. Eles acreditam que os antigos são o elo entre o mundo terreno e o mundo astral.

História da África e afro-brasileira

No caminho de volta para casa, parei no farol, como de costume, para terminar o meu longo dia de trabalho. Eu olhava ao redor e via algumas pessoas dirigindo carrões e outras empurrando carroças. Certas perguntas não me saíam da cabeça: por que os africanos se deixaram ser colonizados e depois escravizados? Por que aqueles que vieram para o Brasil não são considerados imigrantes, como os asiáticos e os europeus?

4
A viagem sem volta

Na escola, todo dia era uma surpresa, uma novidade. Eu ficava cada vez mais impressionado com tudo que aprendia. Em uma das aulas, os professores nos pediram que redigíssemos um texto biográfico sobre uma pessoa da família. Na hora pensei: "E se meu pai conseguisse mais informações sobre meus tataravós?" Seria fantástico! Prometi correr atrás daqueles dados.

Continuando a aula, os professores apresentaram a biografia de personalidades negras brasileiras – vivas e mortas. Eram poetas, personagens históricos, pintores, escultores, políticos e escritores. Foi fabuloso, pois entrei em contato com a história de negros que foram e são extremamente importantes para a história do país: André Rebouças, Machado de Assis, Zumbi dos Palmares, Sueli Carneiro, Carolina Maria de Jesus, Lélia Gonzalez, Luiz Gama, Antônio Bento, Nei Lopes, Abdias Nascimento e Milton Santos, entre outros.

André Pinto Rebouças
(1838-1898)

Nasceu em Cachoeira, no estado da Bahia. Jornalista e engenheiro, foi líder abolicionista. Como engenheiro, trabalhou em diversos estados brasileiros, onde esteve à frente da construção de portos, ferrovias e obras ferroviárias e de abastecimento de água.

Machado de Assis
(1839-1908)

Joaquim Maria Machado de Assis foi cronista, contista, dramaturgo, jornalista, poeta, romancista e crítico literário. Nascido na cidade do Rio de Janeiro, em uma família muito pobre, perdeu a mãe na infância e foi criado pela madrasta. Superou todas as dificuldades da época e tornou-se um dos mais consagrados escritores do Brasil.

Sueli Carneiro
(1950-)

Doutora em Educação, professora universitária e escritora, Sueli Carneiro é ativista do movimento social negro brasileiro, feminista e intelectual. Fundadora do Geledés – Instituto da Mulher Negra, é uma das personalidades políticas mais instigantes da atualidade.

História da África e afro-brasileira

Carolina Maria de Jesus (1914-1977)

Nascida em Sacramento, cidade do interior de Minas Gerais, tornou-se escritora no final da década de 1950. Migrou para São Paulo em 1947, indo morar na extinta favela do Canindé, na zona norte, onde trabalhou como doméstica e como catadora de papel. No livro *Quarto de despejo*, sua obra mais famosa, Carolina relata a fome cotidiana, a miséria, os abusos e o preconceito sofridos por ela, por seus filhos e por outros moradores da favela.

Lélia Gonzalez (1935-1994)

Nascida em Belo Horizonte, Minas Gerais, Lélia foi um exemplo de cidadã brasileira. Doutora em Antropologia Social e uma das fundadoras do Movimento Negro Unificado, atuou principalmente no combate à violência contra a mulher, tornando-se uma grande líder feminista.

Luiz Gama
(1830-1882)

Luiz Gonzaga Pinto da Gama foi advogado, jornalista e escritor. Filho de Luiza Mahin, uma das mais importantes abolicionistas do século XIX, nasceu na Bahia e, quando criança, foi vendido pelo pai para pagar uma dívida de jogo, indo morar em Lorena, São Paulo. Depois de ser alfabetizado por um hóspede da fazenda em que vivia, fugiu para a cidade de São Paulo, onde frequentou o curso de Direito como ouvinte. Um dos maiores abolicionistas brasileiros, em 1864 fundou o jornal *Diabo Coxo*, sendo cofundador do Partido Republicano Paulista.

Antônio Bento de Souza e Castro
(1843-1898)

Advogado, promotor público, juiz de direito e líder abolicionista, organizou o movimento dos Caifazes, que enviava missionários para as fazendas em São Paulo para incentivar a fuga de escravizados, garantindo-lhes refúgio em locais seguros.

Nei Lopes
(1942-)

Nascido no Rio de Janeiro, estudou Direito e Ciências Sociais na Universidade Federal do Rio de Janeiro (UFRJ). Compositor de primeira, gravou vários CDs. Além de músico, é também escritor e pesquisador. Entre seus livros mais conhecidos estão a *Enciclopédia brasileira da diáspora africana* e o *Dicionário escolar afro-brasileiro*.

História da África e afro-brasileira

Abdias Nascimento
(1914-)

Nascido em Franca, interior de São Paulo, é um dos maiores defensores da igualdade para as populações afrodescendentes. Grande militante no combate à discriminação racial, participou da Frente Negra Brasileira, importante movimento político negro criado na década de 1930. Em 1944, fundou o Teatro Experimental do Negro. Foi deputado federal e senador, além de ter escrito inúmeras obras que questionaram a posição marginal do negro na sociedade brasileira.

Milton Santos
(1926-2001)

Milton de Almeida Santos nasceu em Brotas de Macaúbas, no interior da Bahia. Professor, advogado, geógrafo, escritor e pensador, foi preso e exilado por participar de movimentos da esquerda na época da ditadura militar. É um dos grandes nomes da renovação na geografia brasileira.

Após a leitura, fomos divididos em grupos e conversamos sobre as biografias lidas. Fomos autorizados a levar os livros para casa e lê-los com calma. Eu queria levar todas as obras, mas optei pela de Carolina Maria de Jesus – talvez porque a vida dela me lembrasse a dos meus avós. Meus pais diziam que meus avós tiveram uma vida dura, mas nunca deixaram de sonhar.

Enquanto eu estava na rua trabalhando, ficava atento às atitudes das pessoas em relação a mim e aos outros vendedores, panfleteiros e "homens-placa". Sempre que conseguia, comentava com meus pais os assuntos discutidos na escola e falava das diversas formas de emprego não formal que eu presenciava diariamente. Eles se mostravam cada vez mais interessados no que eu dizia.

Então, perguntei a eles se podiam me ajudar a redigir a biografia de um familiar próximo. Meu pai foi logo se esquivando, mas disse que o irmão dele, em Alagoas, tinha condições de colaborar, pois morava perto do vilarejo onde seus bisavós foram criados. Resolvi escrever uma carta para meu tio explicando o assunto. Aproveitei e perguntei, também, se ele tinha acesso à internet e se sabia mexer no computador, pois isso facilitaria nosso diálogo.

Para minha surpresa, ele respondeu na semana seguinte. Disse que tinha um computador e ficaria muito orgulhoso em contar a história de sua bisavó, ainda mais sabendo que era para um trabalho da escola. Ele me disse ainda que estava muito feliz por eu estar estudando.

Trocamos várias mensagens por e-mail, e foi fácil fazer o trabalho e escrever a história de meus tataravós. Que orgulho senti de meus antepassados! Era muito bom saber que eu tinha na minha família verdadeiros heróis, como aqueles que os professores tinham nos mostrado.

No dia da apresentação do trabalho, convidei meus pais para irem à escola. Eles estavam muito felizes e ficaram emocionados quando colegas e professores elogiaram a minha produção. Parecia inacreditável que seu filho tivesse ido

História da África e afro-brasileira

tão longe! Aproveitei a euforia dos dois e pedi que voltassem a estudar, pois aquela escola era ideal para que eles retomassem os estudos. Para minha completa surpresa, eles aceitaram minha sugestão!

Eu próprio os apresentei à diretora da escola, e na mesma semana os dois já estavam na sala de aula. Parecia um sonho! Meu pai, minha mãe e eu estudando na mesma escola! Eu sabia que ambos, principalmente meu pai, começariam a ter uma visão diferente do mundo. Sabia que minha mãe poderia terminar os estudos e até fazer faculdade. Sabia que era um sonho, mas ali, naquele espaço, eles me fizeram acreditar que tudo é possível quando se tem força de vontade.

Alguns dias depois, os professores marcaram um passeio ao Museu AfroBrasil, que fica no Parque do Ibirapuera. Iríamos no sábado para que a maioria dos alunos pudesse comparecer. A ida ao museu seria fundamental para entendermos um pouco mais sobre a história e a cultura que os africanos nos deixaram como herança.

O passeio foi inesquecível. Visitamos um museu repleto de arte africana e brasileira, uma mistura de tudo que eu já tinha visto sobre um passado para mim desconhecido. Sentamos em frente a um enorme navio. O monitor começou a contar a história de nossos antepassados e a viagem sem volta que fizeram...

A escravização não se deu somente no continente africano. Muito antiga e sem origem certa, essa prática remonta à Idade Antiga e ocorreu principalmente em Roma, na Grécia, na Mesopotâmia e no Egito.

Em toda a Europa e no Oriente Médio houve períodos em que os poderosos aprisionaram as pessoas sem posses e as obrigaram a trabalhar em construções gigantescas, como as pirâmides do Egito, e na agricultura. Os escravizados também eram a frente de batalha das guerras.

Assim, na Antiguidade, os povos escravizados não eram de uma etnia nem separados por "cor". A França, por exemplo, na Baixa Idade Média, era um polo exportador de escravizados. Entre a população eslava, por sua vez, os considerados pagãos também eram alvo de cruzadas implacáveis que os capturavam e os vendiam a países estrangeiros.

Já no continente africano era comum o sistema de "cativos da terra". Eles foram escravizados por vários motivos: não pagamento de tributos; delitos leves ou graves; conflitos entre povos circunvizinhos. Mas, ao contrário do que acontecia no resto do mundo, o escravizado podia ser liberto após alguns anos de prestação de serviço ou até se tornar um membro da família que o escravizou. Dessa forma, havia uma enorme diferença entre esse sistema e o escravismo mercantilista, no qual seres humanos se transformavam em mercadoria.

Quando os europeus chegaram ao continente africano, o processo de escravização se deu de formas diferentes. Eles usaram várias estratégias para convencer os governantes das grandes nações negras a escravizar os "filhos da terra". Foram anos de negociação e resistência, mas os europeus conseguiram fazer alianças em troca de produtos como fumo, bebidas, tecidos e especiarias. E, claro, suas armas de fogo tinham grande poder de "convencimento". Assim, a partir do século XVI, deu-se início ao maior comércio de seres humanos que a história já conheceu. O tráfico negreiro durou quase quatro séculos.

As nações que mais sofreram com o processo de escravização no século XVI foram as que hoje correspondem a Senegal, Cabinda, Congo, Guiné, Namíbia e África do Sul; no

História da África e afro-brasileira

século XVII, Camarões, Guiné Equatorial, Gabão e Angola. E, nos séculos XVIII e XIX, Nigéria, Gana, Togo, Benin, Angola, Namíbia e Moçambique. Nesse período, cerca de 15 milhões de africanos foram covardemente retirados de suas terras de origem e enviados às Américas.

Durante três séculos e meio vieram para o Brasil cerca de 5 milhões de africanos, que foram distribuídos de acordo com a necessidade comercial de cada região da província. Os originários da Guiné foram os primeiros a aportar aqui. O registro histórico mais antigo da chegada dos escravizados data de 1533, quando dezessete "peças" de escravizados foram entregues a Pero de Góis, capitão-mor da costa do Brasil. Em 1539, mais escravos são enviados a Duarte de Coelho, donatário da Capitania de Pernambuco. Esses escravizados conheciam a tecnologia agrícola da cana-de-açúcar.

No século XVI, os negros saíam das regiões que hoje conhecemos como Serra Leoa, Senegal, Guiné, Guiné-Bissau e Gâmbia e eram enviados ao Pará, ao Maranhão e à Bahia. No século XVII, saíam do Congo, do Gabão, de Angola, de Gana, da Guiné Equatorial e de Camarões e chegavam à Bahia, a Pernambuco e Alagoas – essa foi, por trezentos anos, a principal rota. No final do século XVII e durante todo o século XVIII, os negros foram trazidos do Congo e de Angola e levados à Bahia, ao Rio de Janeiro e a São Paulo.

● ● ●

Os alunos estavam boquiabertos com aquelas informações. Então, o monitor apontou para o esqueleto de navio à nossa frente e começou a falar sobre o "tumbeiro" – navio que fazia o tráfico de escravizados da África para o Brasil e tinha esse nome porque metade dos viajantes morria durante o trajeto, devido às péssimas condições de higiene, à falta de alimentação e aos maus-tratos.

Nesses navios negreiros acontecia a verdadeira viagem sem volta; neles, os africanos passavam as piores horas de sua vida. Uma vez no tumbeiro, perdiam a identidade, o nome e o sobrenome de origem. Não carregavam nada consigo, apenas as lembranças de uma terra que nunca mais veriam e a memória de seus familiares deixados para trás.

Quando morriam na travessia, os escravizados eram jogados no mar. Não tinham direito nem a um enterro – uma das coisas mais sagradas e importantes para um africano, pois simboliza o rito de passagem da vida terrena para a vida com seus antepassados.

Nos tumbeiros não se podia falar, cantar ou dançar. As maiores atrocidades, como estupros e assassinatos, eram cometidas durante o trajeto. Sem falar na fome.

Castro Alves, conhecido como "O poeta dos escravos", narra em seu poema "O navio negreiro", de 1868, o sofrimento e a angústia dos escravizados no trajeto até a América. Um dos alunos do grupo leu trechos do poema:

[...]
Mas que vejo eu ali... que quadro de amarguras!
Que cena funeral cantar!... Que tétricas figuras!...
Que cena infame e vil!... meu Deus! Que horror!

Era um sonho dantesco... O tombadilho
Que das luzernas avermelha o brilho,
Em sangue a se banhar.
Tinir de ferros... estalar de açoite...

História da África e afro-brasileira

Legiões de homens negros como a noite,
Horrendos a dançar...

Negras mulheres, suspendendo às tetas
Magras crianças, cujas bocas pretas
Rega o sangue das mães:
Outras moças, mas nuas, espantadas
No turbilhão de espectros arrastadas,
Em ânsia e mágoa vãs.

[...]
Se o velho arqueja... se no chão resvala,
Ouvem-se gritos... o chicote estala.
E voam mais e mais...

Presa nos elos de uma só cadeia,
A multidão faminta cambaleia,
E chora e dança ali!

Um de raiva delira, outro enlouquece...
Outro, que de martírios embrutece,
Cantando, geme e ri.

No entanto o capitão manda a manobra
E após, fitando o céu que se desdobra
Tão puro sobre o mar,
Diz do fumo entre os densos nevoeiros:
"Vibrai rijo o chicote, marinheiros!
Fazei-os mais dançar!..."

[...]

Em seguida, os professores nos mostraram a reprodução de uma tela, também intitulada *Navio negreiro*, do pintor alemão Johann Moritz Rugendas.

Navio negreiro, de Rugendas, pintado aproximadamente em 1830.

Sentado ao lado dos meus colegas, fiquei paralisado. Revolta e dor tomaram conta de mim por alguns instantes. Ao chegar em casa, fui direto para a cama. Meus pais, que não puderam ir ao museu porque tinham de trabalhar, estranharam meu jeito taciturno e quiseram saber se eu estava bem. Respondi que estava muito triste por descobrir a forma como seus antepassados chegaram aqui. Não era justo! Por que tanto sofrimento? Por que o processo de escravização durou tanto tempo?

5
A longa trajetória para a liberdade

A vida é uma caixa de surpresas! Nunca pensei que um dia eu pudesse mudar tanto. Aquela escola me fez acreditar que todos podemos ter um futuro promissor, e que muitas coisas dependem apenas de nós para se concretizar.

Na segunda-feira após a visita ao museu, pedi aos professores que me deixassem ler o diário de bordo. Eles concordaram e eu comecei a falar:

– Esse é meu diário de hoje: decidi não trabalhar mais nos faróis. Creio que posso fazer mais por mim mesmo. Depois de visitar o museu, refleti muito sobre tudo que ouvi a respeito de minhas origens e de meus antepassados. Eles sempre lutaram por uma vida melhor, e é isso que vou fazer também.

Os colegas me olharam com admiração; os professores me parabenizaram por escolher a luta em vez da passividade. Era o incentivo de que eu precisava. Eu disse a todos que ia estudar muito e daria orgulho à minha família.

A proposta pedagógica daquela semana era interessante. Os professores trouxeram vários jornais e revistas e pediram que contássemos quantas pessoas brancas e quantas pessoas negras apareciam naquelas páginas. Depois, teríamos de montar um gráfico identificando crianças, jovens, mulheres, homens e idosos e separando personalidades das pessoas comuns.

O resultado foi alarmante: as revistas e jornais quase não traziam imagens de negros. Os professores comentaram que os meios de comunicação não retratam o verdadeiro povo brasileiro, composto de diversas etnias. Lembraram-nos de que os negros compõem quase 50% da população brasileira, mas aparecem pouquíssimos na mídia...

No dia seguinte, mantendo minha decisão de não trabalhar mais na rua, cheguei à escola mais cedo e passei algumas horas na biblioteca. Logo alguns colegas me informaram que tinham sido abertas as inscrições para os jovens que buscavam o primeiro emprego. Parecia que as coisas estavam caindo do céu! As empresas que contratassem os estudantes teriam alguns benefícios do governo; em troca, iniciariam os jovens no mercado de trabalho. Preenchi o formulário, esperançoso, e dois dias depois fui chamado para uma entrevista.

Apesar do nervosismo inicial, deu tudo certo. Fui contratado como auxiliar de serviços gerais em uma firma de médio porte. E o melhor, eu trabalharia no período da manhã, o que me permitiria continuar os estudos no mesmo horário.

No mês seguinte, surgiu a oportunidade de minha mãe trabalhar na biblioteca da escola, limpando o local e ajudando na organização dos livros. Meu pai, por sua vez, passou a prestar serviços voluntários como jardineiro da escola.

Já estávamos no mês de agosto e, após um recesso de quinze dias, as aulas foram retomadas. Os professores exibiram um filme chamado *Escritores da liberdade*, que tratava de exclusão social, preconceito e pessoas que mudaram de vida quando passaram a se enxergar como escritores e transformaram a própria história em livro.

Depois de debatermos o filme, os professores propuseram um trabalho extracurricular: quem quisesse podia escrever sobre a própria vida, compondo uma espécie de autobiografia. Não havia pretensão de editar essas histórias, mas poderíamos tirar cópias e distribuí-las aos colegas. Nem preciso dizer que aceitei o desafio.

Na aula seguinte, os professores leram uma carta que foi divulgada por Nelson Mandela em 1955. Com o título "Carta da liberdade", ela foi escrita para protestar contra o *apartheid*, ditadura racial que predominava na África do Sul desde o início do século XX. Segundo o texto, o país e suas riquezas pertenciam a todos os que moravam ali: brancos, pretos, índios e mestiços, devendo os bens econômicos ser distribuídos igualmente. Devido às reivindicações políticas de liberdade e igualdade, milhares de pessoas morreram e foram presas na África do Sul. O *apartheid* só terminou oficialmente no início da década de 1990.

Os professores também falaram de outras personalidades políticas que fazem parte da história da resistência dos povos africanos. Assim como Mandela, diversos heróis lutaram por independência e igualdade, como o pastor zulu Albert Luthuli, do Zimbábue, e o arcebispo Desmond Tutu, da África do Sul, que combateram o *apartheid*. O líder anticolonialista da República Democrática do Congo Patrice Émery Lumumba, após lutar pela independência, tornou-se primeiro-ministro de seu país. O médico Antonio Agostinho Neto, líder do Movimento Popular de Libertação de Angola, foi o primeiro presidente desse país. Já o enfermeiro e líder revolucionário Samora Moisés Machel foi o primeiro presidente após a independência de Moçambique.

Nelson Mandela (1918-)

Nelson Rolihlahla Mandela nasceu no pequeno vilarejo de Qunu, na África do Sul. Na infância e na adolescência, estudou em colégios ocidentais; em seguida, cursou Direito. Em 1960, organizou um grupo paramilitar para lutar contra o governo racista sul-africano, sendo preso no ano seguinte sob a acusação de traição. Em 1964, recebeu sentença de prisão perpétua. Foi libertado em 1990, devido a pressões da sociedade e de várias organizações mundiais contrárias ao *apartheid*. Mandela foi eleito presidente da África do Sul, governando o país entre 1994 e 1999.

Na esfera intelectual, o dramaturgo e escritor nigeriano Wole Soyinka, ganhador do prêmio Nobel de Literatura em 1986, faz da escrita sua maior arma para combater a guerra entre os partidos em seu país. E o professor e presidente da Tanzânia, Kambarage Julius Nyerere, considerado pela ONU em 2009 Herói Mundial da Justiça Social, pregava a liberdade sem guerra ou derramamento de sangue.

História da África e afro-brasileira

Esses bravos lutadores – e tantos outros que não foram citados – muitas vezes não são lembrados nos currículos escolares e acabam caindo no esquecimento.

Na outra semana, novas propostas, novas surpresas. Pediram-nos que nos dividíssemos em grupos para um trabalho audacioso: contar a história do negro no Brasil e demonstrar sua participação na formação cultural e social do país. Poderíamos utilizar livros, a internet, revistas especializadas etc. Ao final, criaríamos uma revista com todas as informações coletadas pelos grupos e apresentaríamos o trabalho aos demais alunos da escola.

Cada grupo teria de apresentar partes do trabalho uma vez por semana, para que todos os colegas estivessem a par das informações. Começamos então o novo projeto. As informações não paravam de chegar. Eram cinco grupos ao todo, e cada um se encarregou de escrever a respeito dos eventos históricos de determinado período, começando no século XVI e chegando ao XXI.

Antes do início dos trabalhos, os professores falaram rapidamente sobre alguns assuntos ligados à colonização do continente africano. Esse processo começou efetivamente no século XV e se deu até meados do século XX.

Os portugueses foram pioneiros na colonização africana, e na primeira metade do século XV já dominavam algumas regiões da costa. Eles já praticavam o comércio de seres humanos e também de metais e especiarias[17]. Em seguida chegaram os ingleses, holandeses, franceses, alemães, ita-

....

17. Especiarias: ervas e temperos – como cravo-da-índia, canela, pimenta-do-reino, noz-moscada etc. – trazidos do Oriente pelos europeus e comercializados a altos preços.

lianos e belgas, entre outros. Essa exploração da África provocou enormes problemas, que se agravaram ao longo dos séculos e perduram até hoje.

Fomos embora e fiquei pensando: quantas batalhas esses povos tiveram e ainda têm de travar para conquistar a liberdade?

6
Séculos XVI e XVII

O primeiro grupo começou a apresentação falando sobre as contribuições culturais, científicas e navais que os africanos deram aos colonizadores, especialmente espanhóis e portugueses. Com essa ajuda, navegadores europeus chegaram mais rapidamente às Américas.

Antes mesmo da efetiva colonização portuguesa do continente, em 1415 os lusos invadiram e conquistaram a cidade de Ceuta, no norte da África, ponto estratégico para conquistas posteriores. Conheceram o Cabo da Boa Esperança, que pertence hoje à África do Sul – à época conhecido como "cabo das tormentas" –, e foi por lá que chegaram ao Oriente. Com isso, a costa oriental da África foi invadida e aos poucos colonizada pelos europeus. Nesse período, muitas ilhas, como Açores, Madeira, Canárias e Cabo Verde, também foram tomadas e se tornaram grandes centros de produção açucareira.

Estudiosos apontam essas ilhas como "laboratório" para o escravismo africano. A princípio, os escravizados que trabalhavam na lavoura de cana eram condenados em seus países de origem (degredados), cristãos que aderiam a outras crenças, árabes e mouros. Com a necessidade de mais mão de obra especializada, os europeus passaram a escravizar os africanos, que entendiam bastante do cultivo.

A arte africana também foi alvo de exploração dos colonizadores, que comercializavam especialmente esculturas de marfim. Para eles, não importava que tais peças tivessem cunho religioso.

A arte africana era representada de forma naturalista, harmoniosa, com habilidades e técnicas específicas. O entalhe, as máscaras, os ornamentos em metais preciosos, marfim e madeira representavam a religiosidade e o cotidiano de determinados grupos étnicos. As pinturas de formas geométricas eram feitas em paredes, máscaras, tecidos e outros objetos, sempre expressando a força vital. Estudiosos costumam comparar a arte africana à arte grega, tal sua perfeição.

Depois dessa breve introdução, o grupo passou a falar do processo de escravização aqui no Brasil, contando que, a partir de 1549, os africanos começaram a desembarcar na colônia brasileira. Seu destino era o Nordeste, cuja produção de cana-de-açúcar estava iniciando e necessitava de muita mão de obra. Os índios que aqui viviam não praticavam esse tipo de agricultura e, além de tudo, estavam em constante conflito com os colonizadores.

Assim, a vinda dos africanos ao Brasil foi necessária para o desenvolvimento da agricultura que abastecia boa parte da Europa. Eles dominavam as técnicas agrícolas como ninguém, além de serem uma mercadoria altamente rentável para os traficantes de escravizados. Nesse período, a rainha de Portugal, Catarina de Áustria, autorizou o tráfico de pessoas oriundas do continente africano para o Brasil – comércio que duraria quase quatrocentos anos.

Durante o século XVI, rumaram para o Recôncavo Baiano, para Pernambuco, Alagoas e Sergipe cerca de 10 mil africanos escravizados trazidos da Guiné e de regiões próximas da costa africana. Segundo estimativas, um escravizado, naquela época, vivia entre 7 e 15 anos. Depois disso, morria devido ao intenso trabalho, a doenças ou à inanição.

Além do trabalho forçado, os escravizados sofriam todo tipo de violência. Idosos e crianças valiam ainda menos que os adultos; as mulheres eram vítimas de estupro. Os castigos corporais, com chicotes e instrumentos de tortura, eram comuns. Além disso, os africanos não podiam exercer livremente sua religião nem suas tradições culturais. Como eram tratados feito mercadoria, podiam ser vendidos, trocados, emprestados, alugados e hipotecados, entre outras coisas.

Na década de 1570, na Bahia, surgiram os focos iniciais de resistência de escravizados. Estes criaram o primeiro quilombo de que se tem notícia, que foi destruído em 1575. Nesse período, os engenhos espalhados pelo Brasil contavam com cerca de 15 mil escravizados. Alguns estudos mostram que no final desse século começou a se formar o maior e mais organizado quilombo que se conhece, Palmares. O sofrimento gerado sobretudo pelos maus-tratos era o principal motivo para a fuga das fazendas. Nessa época foram registrados ataques de escravizados às fazendas, o que muitas vezes provocou a morte de brancos.

Em muitos quilombos – como o de Kalunga, localizado no que hoje é o estado de Goiás – diferentes grupos étnicos conviviam lado a lado, inclusive indígenas e brancos pobres. Todos eram aceitos, desde que respeitassem a organização social e política local, que geralmente se baseava em valores, costumes, tradições e princípios religiosos africanos.

O aborto era comum entre as mulheres escravizadas. Por não quererem para seus filhos o mesmo destino que o seu, interrompiam a gravidez, muitas morrendo em decorrência disso. O suicídio era outro meio encontrado pelos negros para se livrar dos castigos e da vida cruel que levavam. Muitos acreditavam que provocando a própria morte conseguiriam a liberdade em outra vida. Tanto o aborto como o suicídio eram considerados formas de resistência, apesar das controvérsias religiosas envolvidas.

Fiquei surpreso ao saber que a resistência dos negros existiu desde o início da escravidão. Nas poucas aulas que tive sobre o assunto na outra escola, fiquei com a impressão de que os africanos aceitavam a condição de escravizados sem lutar, e só se rebelaram quando a abolição era iminente.

Lembrando-me das aulas anteriores, em que aprendemos que os africanos dominavam muitas áreas do conhecimento e diversas ciências, imaginei que vários médicos, arquitetos, engenheiros, astrônomos e políticos também tinham sido escravizados e trazidos para cá, e concluí que os brasileiros descendiam de um povo nobre e guerreiro.

Para finalizar, o grupo apresentou um gráfico com o número de escravizados que aportaram em Salvador e no Rio de Janeiro nos séculos XVII, XVIII e XIX.

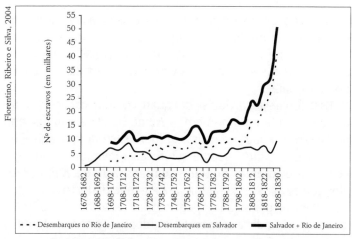

Médias quinquenais dos desembarques de escravizados africanos
nos portos de Salvador (1678-1830) e Rio de Janeiro (1700-1830).

O SÉCULO XVII

Chegou a vez de o próximo grupo retratar a história dos negros que viviam no Brasil no século XVII. Nesse período, o continente africano ficou marcado pela violenta captura de seres humanos. As pessoas eram aprisionadas e colocadas à força nos navios negreiros, que partiam para as Américas, especialmente para o Brasil. Houve muita resistência por parte dos africanos, mas o poder das armas de fogo era infinitamente maior que os exércitos nativos.

Os alunos disseram que cerca de 560 mil pessoas foram trazidas da África para o Brasil, quase todas de origem banto, vindas das regiões conhecidas hoje como Angola, Congo, Costa do Golfo da Guiné, Moçambique e Zimbábue.

Esses povos acreditavam que o mundo era constituído da energia axé, uma força vital que rege a humanidade e está em constante transformação – uma energia cósmica presente em todas as formas visíveis e invisíveis, do material e do imaterial.

Essa força vital divide-se em quatro manifestações: a *Muntu*, que se refere ao homem; a *Kintu*, ligada a plantas, animais, ferramentas, utensílios, minerais e tudo que existe na natureza; a *Hantu*, que se refere ao movimento, ou seja, aos acontecimentos no tempo e no espaço; e a *Kuntu*, relacionada com beleza, alegria, prazer, felicidade, fruição estética. Para os povos de origem banto, cada momento da vida é sagrado e deve ser comemorado, assim como a família, a palavra, a vida e a morte têm de ser respeitados acima de qualquer coisa.

Os professores perguntaram se essa filosofia se assemelhava de alguma maneira à vida que conhecíamos. Eu disse que seria muito bom se todos os brasileiros adotassem os ideais banto, pois nos tornaríamos mais humanos. Alguns concordaram, outros não. Os professores reforçaram que, independentemente de gostarmos ou não da opinião alheia, era importante respeitá-la. Foi uma provocação para que pensássemos no conceito de cidadania.

Depois da explanação sobre a filosofia banto, o grupo passou a falar acerca da resistência negra, especialmente sobre o Quilombo dos Palmares – considerado um marco na história da luta contra a escravidão.

Localizado na Serra da Barriga, que fica no estado de Alagoas, surgiu no final do século XVI e atingiu o ápice entre 1630 e 1650, quando a invasão dos holandeses no Nordeste brasileiro prejudicou o controle sobre os escravizados. Nessa época, Palmares abrigava entre 20 mil e 50 mil pessoas e contava com um sistema político próprio, calcado na tradição dos povos africanos. Apoiava-se numa economia de subsistência baseada na caça, na pesca, na agricultura e no artesanato. Palmares realizava trocas com outros povoados próximos, como Macaco, Subupira, Zumbi e Tabocas, também formados por negros que fugiam das fazendas.

A autonomia de Palmares ameaçava a própria estrutura da escravidão. Assim, várias expedições foram enviadas à região para tentar acabar com o quilombo, que resistiu bravamente por cerca de oitenta anos.

Em 1678, o governador de Pernambuco, Aires Sousa e Castro, selou um acordo de paz com Ganga Zumba, líder de Palmares na época. Porém, segundo alguns estudiosos, esse tratado – que na prática subjugava os quilombolas à Coroa portuguesa – não agradou a muitos quilombolas, que envenenaram Ganga Zumba. Em outras versões, Ganga Zumba foi vítima de uma armação política dos próprios brancos. O fato é que, com sua morte, ascendeu ao poder seu irmão, Ganga Zona, aliado dos portugueses, que foi substituído, ainda em 1678, por Zumbi, sobrinho de Ganga Zumba.

Ao contrário de seus antecessores, Zumbi não queria saber de negociar com os brancos. Ele substituiu a estratégia de defesa passiva por outra mais ofensiva, organizando ataques-surpresa a engenhos, libertando escravizados e apoderando-se de armas, munição e suprimentos.

Depois de várias tentativas fracassadas de invadir Palmares, o estado de Pernambuco contratou Domingos Jorge Velho para organizar um ataque massivo. Esse bandeirante era famoso pela crueldade com que caçava índios pelo interior do Brasil. Em 1694, Zumbi foi ferido em um ataque, mas conseguiu escapar. Pouco depois, Domingos Jorge Velho capturou o quilombola Antônio Soares e o submeteu a tortura para que revelasse o esconderijo do líder. Em 20 de novembro de 1695, Zumbi foi morto em uma emboscada. Sua cabeça foi cortada e exposta em praça pública para que cessassem os boatos de que ele era indestrutível. Por volta de 1710, o quilombo se desfez por completo.

Hoje, o dia 20 de novembro é comemorado como Dia da Consciência Negra.

Busto em homenagem a Zumbi dos Palmares (Brasília, DF).

História da África e afro-brasileira

No final da aula, os professores pediram que respondêssemos à seguinte questão: onde encontramos quilombos nos dias de hoje? As opiniões foram diversas:

– Os quilombos de hoje são lugares em que vivem muitas pessoas da mesma cor.

– Os quilombos atuais estão localizados nas favelas.

– Os locais em que vivem grupos de qualquer tipo de resistência são os quilombos de hoje.

Os professores parabenizaram os alunos por terem compreendido a importância dos antigos quilombos para a resistência negra. Em seguida, explicaram que ainda existem, em todo o Brasil, centenas de comunidades remanescentes dos antigos quilombos, muitas delas lutando para preservar suas tradições e seu modo de vida. Pediram, porém, que esperássemos mais algumas semanas para aprofundarmos o assunto das comunidades quilombolas.

Eu mal podia esperar para aprender mais.

7
Século XVIII

Na semana seguinte, o próximo grupo abordou o século XVIII – marcado pelo ciclo do ouro. Com a descoberta de imensas jazidas do metal em Minas Gerais, o grande contingente de negros presente no Nordeste brasileiro foi desviado para o Sudeste. Enquanto a cultura da cana-de-açúcar começava a declinar, a mineração tornava-se a principal atividade econômica brasileira.

Durante o século XVIII, cerca de um milhão e setecentos mil cativos foram trazidos para o país, oriundos principalmente das regiões do Congo, Nigéria, Gana, Togo, Benin, Angola, Namíbia e Moçambique.

Os escravizados trabalhavam de quinze a dezesseis horas por dia, em condições tão precárias quanto nas lavouras. Essa era uma das razões que justificavam as fugas durante o período, fugas essas que contribuíram para o surgimento de novos quilombos.

Na época, alguns escravizados pagavam ao seu senhor determinada quantia e, em troca, conquistavam a liberdade.

A "transação" era firmada por meio de um documento denominado carta de alforria. No entanto, restavam poucas opções de sobrevivência: ou o ex-cativo continuava na mineração, trabalhando em condições insalubres, ou aceitava labutar em fazendas de agropecuária, recebendo em troca um salário aviltante. Embora começasse a se formar no Sudeste um núcleo de trabalhadores livres, o preconceito impedia que os negros exercessem funções que não braçais.

Em meados do século XVIII, na Europa, diversos filósofos e estadistas – inspirados pelos ideais iluministas – passaram a denunciar os horrores da escravidão. Enquanto o tráfico atingia seu ápice, enriquecendo a todos que participavam do processo (com exceção dos africanos, obviamente), muitas vozes se ergueram pedindo o fim da comercialização de seres humanos. Entre os mais lúcidos críticos da escravidão estavam Jean-Jacques Rousseau e Charles Louis de Secondat, o Barão de Montesquieu.

Em 1761, o Marquês de Pombal, primeiro-ministro de Portugal, aboliu a escravidão naquele país. Porém, essa atitude teve poucos reflexos práticos, uma vez que o escravismo continuou sendo praticado nas colônias portuguesas das Américas.

Na Inglaterra, nas últimas décadas do século, religiosos de várias correntes protestantes, como os quáqueres e os anglicanos, passaram a pressionar o governo para que proibisse o tráfico. Em 1807, a Câmara dos Lordes aprovou a lei que proibia o tráfico de pessoas em todo o Império Britânico, mas a escravidão em si só foi abolida nesses territórios em 1833.

Em 1789, a França tentou abolir a escravidão em suas colônias, mas a iniciativa foi barrada por Napoleão Bonaparte. Também nos Estados Unidos, envolvidos em uma luta ferrenha contra a metrópole inglesa, as vozes pela liberdade começavam a ecoar.

No Brasil, alguns religiosos também denunciavam as mazelas da escravidão, ainda que nem sempre pregassem abertamente o fim do sistema. Entre os defensores dos escravizados estão o padre Antonio Vieira. Mas o pioneiro do movimento foi o padre Manuel Ribeiro da Rocha, que em 1758 publicou *Etíope resgatado, empenhado, sustentado, corrigido, instruído e libertado – Discurso teológico-jurídico em que se propõe o modo de comerciar, haver, e possuir validamente cativos africanos, e as principais obrigações, que concorrem a quem deles se servir*. Embora se mostrasse um tanto dúbia com relação à validade da escravidão – na época, muitos religiosos acreditavam que essa era uma forma de converter pagãos –, a obra foi censurada na época.

Ao longo do século XVIII, diversas revoltas eclodiram no país. Algumas tinham caráter menos abrangente e expressavam descontentamentos específicos de determinados grupos. Outras, de cunho político, almejavam que o Brasil se separasse definitivamente de Portugal e se transformasse em uma nação autônoma.

Entre essas revoltas separatistas destacou-se a Conjuração Baiana, também conhecida como Revolta dos Alfaiates, ocorrida em 1798. Ao contrário da Inconfidência Mineira (1789), a Revolta dos Alfaiates teve caráter totalmente popular, sendo considerada a primeira revolução social do Brasil.

Descontentes com a alta carga tributária imposta pela metrópole que os impedia de ascender socialmente, os revoltosos – alfaiates, sapateiros, escravizados, ex-escravizados, médicos e advogados – lutavam pela proclamação da República, pelo fim da escravidão, pela diminuição dos impostos, pelo livre comércio, pelo aumento dos soldos e pela igualdade de direitos. Os principais líderes dessa revolução foram o médico e filósofo Cipriano Barata e o soldado Luiz Gonzaga das Virgens.

A repressão ao movimento foi dura. Em meados de 1798, as principais lideranças já estavam presas, e em 1799 os soldados Lucas Dantas do Amorim Torres e Luís Gonzaga das Virgens e os alfaiates Manuel Faustino dos Santos Lira e João de Deus Nascimento foram condenados à forca. Depois de enforcados, foram decapitados, e seus despojos exibidos em diversos pontos de Salvador. Os outros condenados foram deportados para regiões e países afastados, onde permaneceram presos por muitos anos. Cipriano Barata, no entanto, foi solto em 1800.

Ainda no século XVIII, em Goiás, um grupo de ex-cativos formou um bolsão de resistência no quilombo Kalunga. Localizado na zona rural dos municípios de Teresina de Goiás, Cavalcante e Monte Alegre, o quilombo sobreviveu ao longo dos séculos e hoje conta com cerca de 4.500 moradores.

Para encerrar a apresentação, o grupo exibiu um quadro muito interessante, referente às denominações que os africanos e seus descendentes recebiam no século XVIII: "preto" aludia ao africano em geral; "pardo" era o homem nascido livre ou liberto que pertencia às classes mais baixas; "crioulo", que significa "nascido na casa do senhor", era o filho de escravizados; "mulato" era o descendente de brancos e negros; "negro" era o cativo; "forro" era o ex-cativo.

Os alunos explicaram que, embora muitas dessas designações tenham caído em desuso após a Abolição, diversas categorias – como preto, pardo e negro – continuam sendo usadas em pleno século XXI. Então, pediram-nos que tentássemos enquadrar cada aluno da turma em uma categoria, baseados no tom de pele. Constatamos que a grande maioria dos estudantes era negra, preta ou parda, isto é, afrodescendente. Não sei por quê, mas aquela comprovação me deixou feliz.

A aula terminou, aplaudimos muito o grupo e fomos embora. Foi um dia cheio de emoções.

A ARTE NO SÉCULO XVIII

Na aula seguinte, o grupo continuou a falar sobre o século XVIII, desta vez abordando a arte. Na época, o estilo artístico predominante era o barroco. Idealizada para reconquistar os fiéis que haviam abraçado o protestantismo em detrimento do catolicismo, a arte barroca era rebuscada e rica em detalhes.

Os colegas explicaram que a arte, nesse século, era a maneira encontrada pelos cativos para representar a liberdade, o respeito pela natureza e a religiosidade. Mesmo os artistas libertos herdavam habilidades e traços culturais de seus antepassados. Por isso a adoração da natureza e dos orixás, bem como as formas geométricas e a perfeição nas esculturas e nos entalhes, estava tão presente em suas obras.

O fato é que, movido pelas mãos hábeis de muitos negros, o barroco brasileiro configurou-se como estilo próprio, legando à humanidade obras belíssimas na pintura, na escultura e na arquitetura. Entre os artistas mais renomados do período destacam-se os pintores frei Jesuíno Francisco de Paula Gusmão, José Teófilo de Jesus, Veríssimo de Souza Freitas e Manuel da Costa Ataíde, mais conhecido como Mestre Ataíde; e o escultor Antônio Francisco Lisboa, conhecido como Aleijadinho.

O grupo distribuiu então reproduções de obras de alguns artistas citados:

Frei Jesuíno Francisco de Paula Gusmão (1764-1819)

Também conhecido como frei Jesuíno Carmelo, nasceu em Santos (SP). Além de pintor, era arquiteto, escultor, dourador, entalhador, músico e poeta.

Teto da Igreja de Nossa Senhora do Carmo, em Itu (SP).

Veríssimo de Souza Freitas

Não se sabe ao certo quando nasceu e morreu esse artista do século XVIII. Exímio pintor de afrescos, suas obras encontram-se em diversas igrejas de Salvador (BA).

A Virgem de Palma e o brasão dos agostinianos, Igreja de Nossa Senhora da Palma, Salvador (BA).

História da África e afro-brasileira

José Teófilo de Jesus
(1758-1847)

Pintor e decorador nascido na Bahia, é considerado um dos maiores nomes da escola baiana de pintura.

Manuel da Costa Ataíde
(1762-1830)

Nascido em Mariana (MG), Mestre Ataíde teve vários alunos e tornou-se um dos grandes nomes da arte sacra brasileira. É considerado o principal expoente da pintura barroca mineira.

Santa Ceia, de 1828, Colégio do Caraça (MG).

Antônio Francisco Lisboa
(1730-1814)

Mais conhecido como Aleijadinho, esse escultor, entalhador, desenhista e arquiteto nasceu em Vila Rica, atual Ouro Preto (MG). Filho de um mestre de obras português e de uma escravizada africana, é um dos mais conhecidos artistas barrocos. Acometido por uma doença (até hoje não determinada) que afetou suas articulações e provocava dor extrema, ele ganhou a alcunha de Aleijadinho. No entanto, a enfermidade não o impediu de trabalhar até o fim da vida.

Eric Gaba (Sting), Wikimedia Commons

Algumas das esculturas dos Doze Profetas feitas por Aleijadinho em frente à Igreja do Santuário de Bom Jesus de Matosinhos, em Congonhas do Campo (MG).

História da África e afro-brasileira

Segundo o grupo, os artistas citados, com exceção de Aleijadinho, quase nunca são citados quando se fala de arte brasileira. De fato, eu nunca imaginara a existência de negros tão importantes naquela época.

Os professores agradeceram ao grupo e sugeriram que aproveitássemos o momento para desenhar um autorretrato. Distribuíram folhas de papel sulfite e lápis de cor, junto com espelhos pequenos. Então, pediram que nos olhássemos no espelho e tentássemos reproduzir o que víamos, prestando atenção nos detalhes do rosto, no tom de pele, nas cicatrizes etc. Mas, antes de começarmos, cada um deveria escolher o lápis de cor que mais se assemelhasse à cor de sua pele.

Alguns alunos exibiram lápis de tons rosados, alaranjados e bege. Eu fiquei sem graça, mas mostrei o meu lápis preto. Porém, gradativamente, olhando-se no espelho, diversos estudantes trocaram de lápis, escolhendo tons que iam do marrom até o preto. Uma aluna fez um comentário intrigante. Disse ter aprendido, na escola primária, que o lápis "cor de pele" era o cor-de-rosa... Às vezes, reproduzimos conceitos sem nos dar conta das inverdades por trás deles.

Aquela atividade foi interessante. Ao final, os professores montaram um painel com todos os retratos e expuseram-no no espaço aberto da escola, o piso azul. Esse dia foi muito significativo para mim.

8
Século XIX

Chegou o dia da apresentação do meu grupo. Estávamos ansiosos, afinal pesquisamos por três semanas para deixar o trabalho interessante e atraente. Sabíamos que seria um grande desafio, pois falaríamos de um século marcado por muitas mudanças, tanto no Brasil como em vários outros países do continente africano.

Quantas descobertas! Eu me envolvi tanto com o tema que parecia vivenciar cada momento estudado. Quantos heróis, quantas revoltas, quantas tristezas e alegrias! Eu aproveitava para compartilhar o que pesquisava com meus pais, que orgulhosamente transmitiam aos colegas de classe o que tinham aprendido comigo. Ao mesmo tempo, a ideia maluca de escrever um livro me rondava diariamente. Eu queria relatar o que tinha aprendido sobre essa história que não era contada nas escolas.

A ÁFRICA NO SÉCULO XIX

Começamos nossa apresentação mostrando aos colegas um mapa da África pré-colonial.

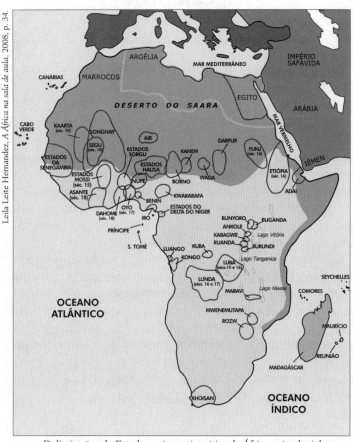

Delimitações de Estados, reinos e impérios da África pré-colonial.

História da África e afro-brasileira

Em seguida, começamos a falar sobre o neocolonialismo. No século XIX, diversas potências europeias, incentivadas pela Revolução Industrial[18], viram na África o lugar ideal para obter matérias-primas e vender os produtos que fabricavam. Assim, essas nações – e outros países emergentes, como os Estados Unidos e a Rússia – resolveram dividir o continente africano entre si, o que, como sabemos, em 1914 daria origem à Primeira Guerra Mundial.

A "desculpa" oficial era a de que a África precisava de fronteiras nítidas e de que os povos que lá viviam necessitavam ser "civilizados". Porém, essa divisão arbitrária desconsiderava as características étnicas, culturais e religiosas dos povos africanos. Na prática, reinos, tribos e impérios muito diferentes acabaram sendo confinados no mesmo território, o que explica em parte as guerras e disputas políticas que o continente enfrenta até os dias de hoje.

Para decidir como seria feita a partilha da África, entre 15 de novembro de 1884 e 26 de fevereiro de 1885, aconteceu a Conferência de Berlim. Os países signatários eram: Alemanha, Áustria-Hungria, Bélgica, Dinamarca, Estados Unidos, Espanha, França, Grã-Bretanha, Itália, Noruega, Países Baixos, Portugal, Rússia, Suécia e Turquia.

Alguns anos mais tarde, novos acordos configuraram o mapa da África da seguinte maneira:

....

18. Processo de mudanças tecnológicas iniciado em meados do século XVIII e desenvolvido ao longo do século XIX que possibilitou a produção em grande escala, transformando as relações de trabalho e a economia como um todo. O berço de tal revolução foi a Inglaterra.

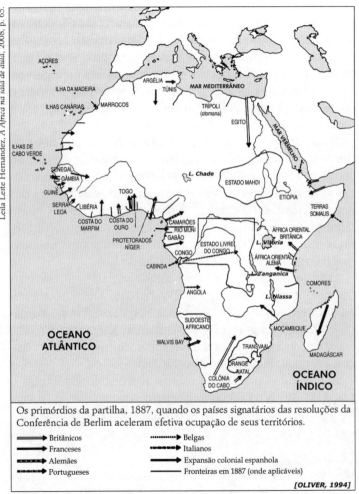

A divisão da África decidida na Conferência de Berlim.

História da África e afro-brasileira

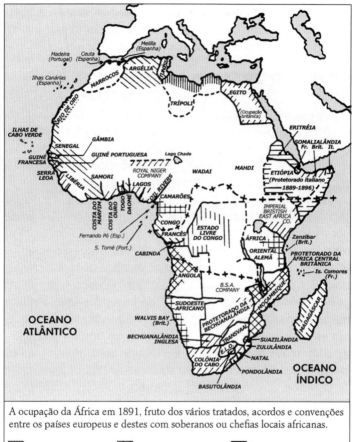

O continente africano em 1891.

Era lamentável que a autonomia, os costumes e a liberdade de todo um continente fossem subjugados por potências que se consideravam mais "civilizadas".

O BRASIL NO SÉCULO XIX

Continuamos a apresentação explicando o que ocorreu no Brasil na mesma época. Em meados do século XVIII, a produção de ouro em Minas Gerais começou a declinar. Assim, no início do século XIX, uma nova cultura se tornou a menina dos olhos da classe senhorial brasileira: o café.

Produzido principalmente no Sudeste do país, o café era explorado em grandes fazendas de monoculturas. A mão de obra escravizada foi então realocada para essa região. Porém, com uma série de leis internacionais que proibiam o tráfico[19], ficou cada vez mais custoso trazê-la da África. Por isso, nas primeiras décadas do século, o governo brasileiro passou a incentivar a imigração de europeus, que vinham para cá em troca de terras e salário. Não é preciso dizer que, em virtude do preconceito, os negros que tinham conseguido a liberdade tinham muita dificuldade de competir com os caucasianos no mercado de trabalho.

O fato é que o Brasil foi o último país das Américas a abolir a escravidão. Aproveitamos o momento para abrir um parêntese e contamos aos colegas que, de acordo com nossa pesquisa, o último país do mundo a abolir a escravidão foi a Mauritânia (atual República da Mauritânia), na Áfri-

....

19. A Inglaterra aboliu a escravidão de suas colônias em 1834; a França, em 1848. Ao longo do século XIX, a maioria dos países europeus proibiu a escravidão em seus territórios.

História da África e afro-brasileira

ca, em 1981. Um aluno nos interrompeu, muito abalado, dizendo que aquilo era impossível, que só podíamos estar enganados. Os professores explicaram que estávamos certos, pois, infelizmente, no mundo todo ainda há pessoas que vivem em regime de escravidão, inclusive no Brasil. Elas ficam encarceradas em fazendas ou fábricas clandestinas, trabalhando em condições sub-humanas e sem chance de mudar de vida: o pouco que ganham é usado para pagar as despesas com alimentação e moradia.

Voltando ao nosso tema, falamos um pouco dos abolicionistas brasileiros. Brancos e negros de várias camadas sociais lutaram pelo fim da escravidão, entre eles Cosme Bento das Chagas, Luiza Mahin, Luiz Gama, Negro do Congo, Joaquim Nabuco, José do Patrocínio, Miguel Lemos, Raimundo Teixeira Mendes, André Rebouças, José Bonifácio, Antônio Bento, Silva Jardim, Rui Barbosa, Plínio de Lima e Castro Alves.

Porém, embora o movimento abolicionista tenha sido forte no país, o fim da escravidão se deu de forma lenta e gradativa. Após a Independência, ocorrida em 1822, foram aprovadas as seguintes leis:

- Lei Eusébio de Queirós (1850): proibia o comércio de escravizados. Foi promulgada para obedecer à determinação inglesa de que se encerrasse o tráfico negreiro.
- Lei dos Sexagenários (1885), também conhecida como Lei Saraiva-Cotegipe: concedia liberdade aos escravizados maiores de 65 anos. Teve pouco efeito, pois raramente os cativos atingiam essa idade. Ao mesmo tempo, desobrigava os senhores de cuidar de

escravizados idosos, que não tinham condições de sobreviver sozinhos e de um dia para o outro se viram sem teto.

- Lei do Ventre Livre (1871): declarava livres os nascidos a partir daquela data. Porém, na prática, isso não acontecia, uma vez que as crianças necessitavam dos cuidados maternos. Muitos bebês foram arrancados dos braços das mães e abandonados. Outros foram dados para adoção. Segundo o professor Dagoberto José da Fonseca (2009), essa é a provável origem dos meninos de rua brasileiros.
- Lei Áurea (1888): aboliu definitivamente a escravidão no Brasil.

Nosso grupo fez questão de ressaltar que, ao longo de todo o século XIX, houve diversas rebeliões populares no Brasil, como a Revolta dos Malês, a Balaiada, a Revolta de Carrancas e a Rebelião Manuel Congo.

A Revolta dos Malês, ocorrida em 1835 na Bahia, foi liderada por religiosos islâmicos e almejava o fim da discriminação dos negros libertos, a extinção da escravidão e o fim da intolerância religiosa. Contou com a participação de Luiza Mahin, mãe de Luiz Gama e um dos maiores nomes da resistência negra no Brasil.

A Balaiada, ocorrida entre 1838 e 1841 no Maranhão, lutava contra a escravidão, a fome, a marginalização e os abusos das autoridades e dos militares. Liderada por Cosme Bento das Chagas, originou o maior quilombo da história do Maranhão. Chagas foi preso e enforcado em 1842.

A Revolta de Carrancas se deu em 1833, em Minas Gerais, e foi uma das primeiras rebeliões de escravizados. A Rebelião de Manuel Congo, ocorrida no Rio de Janeiro em 1838, foi um dos maiores levantes negros da história do país. Revoltados com a morte de um companheiro, os cativos organizaram uma fuga em massa. Liderados por Manuel Congo, eles invadiram diversas fazendas da região do vale do Rio Paraíba do Sul, saqueando-as e libertando os escravizados. Seu líder foi preso e enforcado em 1839.

Embora tenham sido duramente reprimidos pelo governo imperial, esses movimentos originaram diversos quilombos ao longo do território brasileiro.

● ● ●

Tivemos também muitos artistas negros que se destacaram nesse período e, assim como os colegas que apresentaram seus trabalhos antes de nós sobre outros séculos, lembramos a existência de artistas como Estevão Silva, Emanuel Hector Zamor, Antônio Rafael Pinto Bandeira, João Timotheo da Costa, Artur Timotheo da Costa e mostramos algumas reproduções de pinturas desses artistas:

Estevão Silva

(1844-1891)

Nascido no Rio de Janeiro, esse pintor e professor foi um dos primeiros negros a integrar a Academia Imperial de Belas Artes. Destacou-se por suas naturezas-mortas, mas também realizou trabalhos religiosos e históricos.

Emanuel Hector Zamor
(1840-1917)

Esse mestiço nascido em Salvador (BA) foi adotado por franceses e aprendeu música e desenho na Europa. Retratava cenas do cotidiano simples em seus quadros.

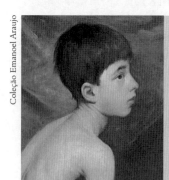

Antônio Rafael Pinto Bandeira
(1863-1896)

Nasceu em Niterói (RJ) e estudou na Academia Imperial de Belas Artes. Tornou-se professor e um dos maiores pintores e paisagistas brasileiros do século.

Retrato do aluno Conceição, óleo sobre cartão, c. 1891.

João Timotheo da Costa
(1879-1932)

Nascido no Rio de Janeiro, estudou na Escola Nacional de Belas Artes. Pintor, decorador e gravador, deixou mais de seiscentas obras, entre paisagens, retratos e pinturas históricas.

Paisagem, óleo sobre madeira, s/d.

Artur Timotheo da Costa (1882-1923)

Irmão de João Timotheo da Costa, Artur estudou desenho e se tornou pintor, desenhista, cenógrafo e entalhador. É considerado por muitos especialistas um dos pioneiros do modernismo no Brasil.

Retrato de menino, óleo sobre cartão, início do século XX.

Terminamos nossa apresentação exibindo diversos vídeos – que fazem parte do projeto "A Cor da Cultura"[20] – sobre personagens negros que construíram nossa história.

Os professores e os colegas aplaudiram muito. Senti-me orgulhoso e por um momento acreditei que poderia ser professor. Agora, meu sonho já era alto: tornar-me escritor, artista e professor.

---

20. Para mais informações, visite o site: www.acordacultura.org.br.

9
Séculos XX e XXI

Faltava pouco tempo para o encerramento do ano letivo e eu não via a hora de saber se tinha passado para o ensino médio. Ao mesmo tempo, estava um pouco triste por saber que não teria mais aula com aqueles professores. Tinha receio de encontrar novamente uma escola nos moldes tradicionais, como aquela da qual eu tinha desistido.

Minha mãe fazia planos de cursar a universidade quando terminasse o ensino médio. Ela fora convidada a trabalhar como atendente na biblioteca, o que a estimulou muito a continuar estudando. Meu pai, por sua vez, foi chamado por um colega de classe para trabalhar em uma empresa de paisagismo. Ele aceitou na hora, mas não abandonou o trabalho voluntário de cuidar do jardim da escola.

Chegou a vez de o último grupo se apresentar. Tinham como tema os séculos XX e XXI. Os colegas retomaram a questão do neocolonialismo e explicaram que, especialmente após a Segunda Guerra Mundial, a África enfrentou um de seus maiores desafios: a luta pela independência.

Impulsionadas pelo desejo de autonomia, cansadas de viver sob a tutela de outros Estados, achacadas pelos altos impostos e pela impossibilidade de ascensão política e econômica, e inspiradas pelo pan-africanismo[21], as nações africanas lançaram-se em guerras com os países que as dominavam, obtendo, paulatinamente, a independência[22]:

PAÍS	DATA DA INDEPENDÊNCIA OFICIAL
Libéria	1847
África do Sul	1910
Egito	1922
Etiópia	1941
Ilha Reunião	1946
Líbia	1951
Marrocos	1956
Sudão	1956
Tunísia	1956

21. Segundo Nei Lopes (2004, p. 511-12), o pan-africanismo é uma "doutrina nascida nos Estados Unidos no final do século XIX. Exprimindo reivindicações dos negros norte-americanos e caribenhos, tinha como foco o continente africano, entendido como a pátria de que a escravidão os privou. Depois das ações altamente polemizadas do líder Marcus Garvey e com a realização dos congressos pan-africanos (Paris, 1919; Londres, 1921 e 1923; e Nova York, 1972), a doutrina consolidou-se de forma mais consequente, baseada na igualdade etnorracial e na luta contra o colonialismo [...]".
22. As Ilhas Canárias são exceção: após a independência, elas optaram por se ligar à Espanha.

História da África e afro-brasileira

PAÍS	DATA DA INDEPENDÊNCIA OFICIAL
Gana	1957
Guiné	1958
Benin	1960
Burkina Fasso	1960
Camarões	1960
Chade	1960
Costa do Marfim	1960
Gabão	1960
Madagascar	1960
Mali	1960
Mauritânia	1960
Níger	1960
Nigéria	1960
República Centro-Africana	1960
República Democrática do Congo	1960
República do Congo	1960
Senegal	1960
Somália	1960
Togo	1960
Serra Leoa	1961
Tanzânia	1961
Argélia	1962
Burundi	1962
Ruanda	1962
Uganda	1962

PAÍS	DATA DA INDEPENDÊNCIA OFICIAL
Quênia	1963
Maláui	1964
Zâmbia	1964
Gâmbia	1965
Botsuana	1966
Lesoto	1966
Guiné Equatorial	1968
Ilha Maurício	1968
Suazilândia	1968
Guiné-Bissau	1974
Angola	1975
Cabo Verde	1975
Comores	1975
Moçambique	1975
São Tomé e Príncipe	1975
Ilha Mayote	1976
Saara Ocidental	1976
Ilha Seychelles	1976
Djibuti	1977
Zimbábue	1980
Namíbia	1990
Eritreia	1993

Fonte: *A África na sala de aula*, Leila Leite Hernandez, Selo Negro, 2008, p. 618-25.

A independência de cada nação teve inúmeras especificidades, mas em todos os casos o processo foi traumático tanto para os colonizadores quanto para os colonizados – e o resultado de tal processo muitas vezes perdura até hoje.

Alguns países – como África do Sul, Moçambique, Angola, Marrocos, Zimbábue, Zaire e Zâmbia – obtiveram sucesso e vivem independentes, com uma economia estável e sem guerras. Todavia, nações como Eritreia, Etiópia, Libéria, República Democrática do Congo, Ruanda e Somália, entre outras, ainda padecem de conflitos políticos ou religiosos; nelas, a população vive em situação precária, muitas vezes necessitando de ajuda humanitária. Entre 1990 e 2009, cerca de quarenta países africanos estiveram nessa situação. Não se pode esquecer que esses conflitos são reflexos de anos de exploração e desestruturação política e social das populações impostas pelos colonizadores.

Os colegas encerraram aquela parte da apresentação falando de um fato histórico importante. Entre 18 e 24 de abril de 1955, aconteceu o primeiro encontro mundial de combate ao imperialismo: a Conferência de Bandung, realizada na cidade de mesmo nome, que fica na Indonésia. Os líderes de países asiáticos e africanos ali reunidos afirmaram que o imperialismo e o racismo eram crime e que os países colonizadores tinham responsabilidade de ajudar a reconstruir os estragos feitos em países colonizados no passado. Embora muitos países ainda não tivessem obtido a independência, a conferência foi extremamente importante.

Ao final, os professores pediram que nos reuníssemos em grupo e discutíssemos como fazer um relatório caso fôssemos participar de uma conferência. O tema da reunião seria "Soluções para a periferia". Imediatamente começamos a anotar os percalços que nossa comunidade sofria e a pensar em soluções palpáveis para eles. Cada membro do grupo se responsabilizou por propor soluções para determinados problemas do bairro.

Passei o dia pensando em soluções, mas era difícil. Havia muitos problemas, como a falta de moradia, de terra, de lazer... Quando coloquei tudo no papel, percebi que tinha dado várias sugestões interessantes, e imaginei que os professores gostariam daquela minha iniciativa. Ao mesmo tempo, algo me intrigava: por que os políticos não implementavam aquelas medidas que eu sugeria? Era impossível que só eu tivesse pensado nelas.

No outro dia, o grupo continuaria com o seminário sobre os séculos XX e XXI, mas os colegas estavam impacientes para apontar os problemas da comunidade e discutir as propostas para resolvê-los. Fizemos uma roda e todos tiveram a oportunidade de falar. Os professores seriam os relatores da conferência. Parecia que havíamos combinado. Cada um apresentava um tema diferente do outro. As propostas se referiam a saúde, educação, moradia digna, combate à fome e à violência. O que mais me chamou a atenção foi a ideia de fortalecer as organizações de bairro: se estas oferecessem atividades culturais, disseram os colegas, muitos jovens seriam resgatados das drogas e da criminalidade. Decidimos que o nome do relatório seria "Liberdade, dignidade e paz".

Antes que o grupo começasse seu relato, os professores nos deram uma ótima notícia: o governo estadual estava promovendo um concurso cultural sobre a história do negro brasileiro. Como todas as escolas públicas poderiam participar, eles nos perguntaram se gostaríamos de inscrever nosso trabalho sobre o negro ao longo dos séculos. É claro que topamos! Bastava que o último grupo concluísse sua apresentação sobre os séculos XX e XXI. Então, compilaríamos todo o material – inserindo inclusive as soluções apontadas na conferência "Liberdade, dignidade e paz" – e faríamos a inscrição.

O SÉCULO XX

Os colegas começaram a exposição sobre o século XX falando que, após a Abolição, a maioria dos negros brasileiros se viu numa situação bastante precária. Como outro grupo havia explicado, era difícil concorrer com os brancos na luta por emprego. Além do mais, ao contrário do que queriam alguns abolicionistas, em nenhum momento se falou em reforma agrária. Assim, sem um chão para plantar e sem chance de obter trabalho digno, grande parte dos ex-cativos se abrigou em lugares precários, sem acesso a moradia, educação, saúde ou lazer. Brancos pobres e mestiços se juntaram a eles, dando origem às favelas de hoje.

Infelizmente, ao longo do século XX, o governo brasileiro não implementou políticas públicas que combatessem as sequelas da escravidão e permitissem aos negros obter autonomia. Ao mesmo tempo, durante a Era Vargas (1930-1945) propagou-se o ideal da "democracia racial", escondendo sob o tapete os conflitos etnorraciais presentes na sociedade. Por trás do mito de que não havia racismo no Brasil escondia-se a necessidade de eliminar qualquer tipo de resistência ao papel secundário a que os negros ficaram relegados.

A imprensa alternativa foi um dos canais de resistência do movimento negro. O primeiro veículo dessa leva foi o jornal *A Alvorada*, que surgiu em 1907 na cidade de Pelotas, no Rio Grande do Sul. Seu objetivo era defender os operários negros da região. Em 1916, começou a circular o primeiro jornal paulista da imprensa negra, *O Menelick*. Diversos periódicos foram lançados, especialmente em São Paulo e no Rio de Janeiro. Em suas páginas não se liam notícias comuns, mas denúncias das mazelas impingidas à população menos favorecida.

Também no campo político as reivindicações se tornaram mais fortes. Segundo Gevanilda Santos (2009, p. 53),

em 1931 surgiu a Frente Negra Brasileira, associação de caráter socioeducacional e político que reivindicava um novo padrão de cidadania para os negros brasileiros, reunindo mais de 20 mil associados em todo o Brasil.
Foi a mais importante organização negra da primeira metade do século XX. Quando se transformou em partido político, em 1936, foi fechada no ano seguinte pelo Estado Novo [período ditatorial da Era Vargas].

Em 1938, aconteceu o I Congresso Afro-Brasileiro, organizado por Abdias Nascimento. O mesmo militante fundou no Rio de Janeiro, em 1944, o Teatro Experimental do Negro (TEN), cujos objetivos eram denunciar o preconceito e a discriminação e dar voz aos talentos negros.

Em novembro de 1945, realiza-se em São Paulo a Convenção Nacional do Negro, e em 1950, no Rio de Janeiro, o I Congresso do Negro Brasileiro. Em 1954, é criada em São Paulo a Associação Cultural do Negro (ACN), que, além de fazer reivindicações sociopolíticas, criou departamentos culturais e esportivos.

História da África e afro-brasileira

Durante a década de 1960, os conflitos inter-raciais nos Estados Unidos e as guerras anticolonialistas na África deram novo impulso aos movimentos de resistência nacionais. Porém, a ditadura militar instaurada em 1964 desmobilizou radicalmente a militância, que só se reorganizou de forma definitiva a partir de meados da década de 1970.

Em 1978, surgiu o Movimento Negro Unificado Contra a Discriminação Racial (MUCDR), motivado pela discriminação sofrida por quatro jovens negros no Clube de Regatas Tietê. No ano seguinte, o MUCDR passou a se chamar Movimento Negro Unificado (MNU). Em 1983, foi fundada a Pastoral do Negro, que conseguiu formar mais de seiscentos núcleos por todo o país, tornando-se um grupo expressivo no combate ao preconceito.

Em 1984, foi instituído em São Paulo o primeiro órgão público voltado para o apoio aos movimentos sociais afro-brasileiros: o Conselho de Participação e Desenvolvimento da Comunidade Negra. Em 1988, a Constituição brasileira criminalizou a discriminação racial. Nesse mesmo ano, foi criada a Fundação Cultural Palmares, vinculada ao Ministério da Cultura.

A aula havia terminado, mas os colegas prometeram continuar no dia seguinte.

O SÉCULO XXI

E lá foram eles, orgulhosos, abordar as conquistas dos últimos anos. Ressaltaram a criação, em 2003, da Secretaria Especial de Política de Promoção da Igualdade Racial (Seppir), que deu mais destaque político às reivindicações negras. Ao mesmo tempo, políticas públicas estaduais, federais e municipais permitiram o acesso de milhares de afrodescendentes à educação. Em 2009, foi aprovado o Estatuto da Igualdade Racial, que apresenta uma série de medidas para combater o preconceito e abrir espaço para os negros na área da educação, da saúde e do emprego. Mais uma boa notícia: nos últimos anos, diversos territórios quilombolas haviam sido definitivamente transferidos para seus legítimos moradores.

A apresentação do grupo foi muito aplaudida. Aproveitando que estávamos falando de comunidades quilombolas, os professores mostraram um gráfico com a distribuição desses núcleos ao longo do território brasileiro.

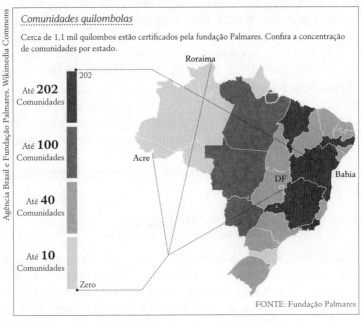

Comunidades quilombolas no Brasil em 2007.

História da África e afro-brasileira

Em seguida, pediram-nos para ir à sala de informática e pesquisar sobre essas comunidades. O resultado foi incrível! Eram tantos núcleos que conservavam as raízes e a cultura dos antigos! Resolvemos então montar um painel com os principais quilombos divididos por estado. Sabíamos que muitos ficariam de fora, mas ainda assim era importante registrar o máximo de informações que conseguíssemos.

ESTADO	COMUNIDADES QUILOMBOLAS
Bahia	Rio Vermelho, Urubu, Jacuípe, Jaguaribe, Maragogipe, Muritiba, Campos de Cachoeira, Orobó, Tupim, Andaraí, Xiquexique, Buraco do Tatu, Cachoeira, Nossa Senhora dos Mares, Cabula, Jeremoabo, Rio Salitre, Rio Real, Inhambuque, Jacobina
Sergipe	Capela, Itabaiana, Divina Pastora, Itaporanga, Rosário, Engenho do Brejo, Laranjeiras, Vila Nova, São Cristóvão, Maroim, Brejo Grande, Estância, Santa Luíza, Socorro, Rio Cotinguiba, Rio Vaza Barris
Pernambuco	Ibura, Nazareth, Catucá, Pau Picado, Malunguinho, Terra Dura, Japomim, Buenos Aires, Palmar, Olinda, Engenho Camorim, Goiana, Iguaraçu
Maranhão	Lagoa Amarela, Turiaçu, Maracaçamé, São Benedito do Céu, Jaraquariquera
Mato Grosso	Guaporé, Piolho, Pindaituba, Motuca, Teresa do Quariterê
Minas Gerais	Ambrósio, Campo Grande, Bambuí, Andaial, Careca, Sapucaí, Morro de Angola, Paraíba, Ibituruna, Cabaça, Luanda, Guinda, Lapa do Isidoro, Brumado, Caraça, Inficionado, Suçuí, Paraopeba, Serra de São Bartolomeu, Marcela, Serra de Marcília

ESTADO	COMUNIDADES QUILOMBOLAS
Paraíba	Cumbe, Serra de Capuaba, Gramame, Livramento
Rio Grande do Sul	Negro Lúcio, Arroio, Serra dos Tapes, Manuel Padeiro, Rio Pardo, Serra do Distrito do Couto
Santa Catarina	Lago e Enseada do Brito
São Paulo	Campos de Araraquara, Cachoeira do Tambaú, Moji-Guaçu, Campinas, Atibaia, Santos, Aldeia Pinheiros, Jundiaí, Itapetininga, Fazenda Monjolinhos, Água Fria, Piracicaba, Apiaí, Sítio do Forte, Canguçu, Termo de Parnaíba, Freguesia de Nazaré, Sorocaba, Cururu, Pai Felipe, Jabaquara
Rio de Janeiro	Manuel Congo, Serra dos Órgãos, Campos de Goitacazes, Leblon, Morro do Desterro, Bastilhas de Campos
Amazonas e entorno	Felipa Maria Aranha, Oiapoque, Calçoene, Mazagão

Para encerrar a aula, os professores pediram que, durante o fim de semana, pesquisássemos as sociedades de amigos de bairro e as comparássemos ao sistema de organização dos quilombos remanescentes.

Informaram também que na segunda-feira seguinte inscreveriam nosso trabalho coletivo no concurso cultural promovido pelo governo do estado e que o resultado sairia dali a um mês.

Fui embora com gostinho de quero mais. No sábado, visitei a sociedade de amigos do meu bairro. Eu nunca tinha ido até lá. Conheci o presidente, que me explicou o funcionamento da sociedade, seus regulamentos e os princípios que seguia. Era tudo muito organizado. Os membros ajuda-

História da África e afro-brasileira

vam na distribuição de cestas básicas entre as famílias necessitadas e auxiliavam as pessoas desabrigadas. Mas o mais interessante da visita foi conhecer o sistema de economia solidária. As famílias se organizavam confeccionando artesanato e produtos alimentícios, que eram vendidos. A renda era distribuída entre todas as famílias que participavam da cooperativa. Havia também um programa de alfabetização de jovens e adultos, que começaria no ano seguinte. Fiquei emocionado e me dispus a trabalhar como voluntário nesse novo projeto.

Voltei para casa pensando em como eu, morador tão antigo do bairro, não conhecia a associação nem os projetos implementados por ela. Percebi, então, que as sociedades de amigos do bairro são como as irmandades negras ou os quilombos! Compreendi naquele instante o que os professores tentavam nos mostrar.

Nas semanas seguintes, realizamos diversas atividades na escola, retomando alguns conteúdos aprendidos e aprofundando determinadas questões. Estávamos no meio de uma das últimas aulas do ano quando a diretora entrou na classe radiante: nós tínhamos vencido o concurso cultural! Nosso trabalho ia se transformar num livro que seria distribuído em todas as escolas públicas do estado! Nunca senti tanto orgulho na minha vida.

No final do ano, nossa formatura foi realizada na própria escola, com direito a coquetel e muitas lágrimas de emoção. Os professores fizeram um discurso emocionado; disseram que descobrir sobre o berço da humanidade, sobre nossos antepassados, sobre as lutas de resistência e os heróis nunca mencionados nos livros didáticos tinha servido para aumentar a autoestima de cada um, e que todos estávamos preparados para seguir adiante e fazer muitas conquistas. Aquelas palavras de encerramento foram inesquecíveis.

• • •

Passados alguns anos, não consigo me desligar daquela escola. Quantos amigos verdadeiros fiz! Quantas verdades sobre minha origem descobri! E, acima de tudo, aprendi a acreditar em mim, a dar valor às pequenas ações, a olhar para o próximo com humildade, sempre sabendo que todos têm muito a oferecer e podemos aprender o tempo todo.

Meu livro – aquele relato autobiográfico que iniciei na escola – será lançado no ano que vem por uma editora que aposta em novos talentos. Atualmente, estou terminando o curso de Direito. A história de Luiz Gama me incentivou a trilhar esse caminho. Trabalho em uma ONG que desenvolve um projeto muito importante com crianças da periferia, promovendo atividades ligadas à literatura e às artes em geral. Minha mãe está cursando o terceiro ano de Biblioteconomia; meu pai montou sua firma de jardinagem, mas ainda trabalha como voluntário na escola.

Tenho uma mensagem para os jovens: estudem sempre, nunca se sintam menores do que ninguém e acreditem em seus sonhos. Com esforço, conhecimento e autonomia, eles podem se tornar realidade.

Referências bibliográficas

AURÉLIO, Marcos Luz. *Agadá – Dinâmica da civilização africano-brasileira*. Salvador: Edufba, 2005 .

BRASIL. MINISTÉRIO DA EDUCAÇÃO/SECRETARIA DE EDUCAÇÃO CONTINUADA, ALFABETIZAÇÃO E DIVERSIDADE (MEC/Secad). *Orientações e ações para a educação das relações étnico-raciais*. Brasília: Secad, 2006.

CAMPOS, Carmen Lucia; CARNEIRO, Sueli; VILHENA, Vera. *A cor do preconceito*. 2. ed. São Paulo: Ática, 2006.

CAROS AMIGOS. *Os negros – História do negro no Brasil*, 6 v. São Paulo: Casa Amarela, 2008/2009.

CARRIL, Lourdes. *Quilombo, favela e periferia: a longa busca da cidadania*. São Paulo: Annablume, 2006.

FAGE, J. D. *An atlas of African history*. 2. ed. Londres: Arnoldo, 1978.

FLORENTINO, Manolo; RIBEIRO, Alexandre Vieira; SILVA, Daniel Domingues da. "Aspectos comparativos do tráfico de africanos para o Brasil (séculos XVIII e XIX)". *Afro-Ásia*, 31, 2004, p. 83-126. Disponível em: < http://redalyc.uaemex.mx/redalyc/pdf/770/77003103.pdf >.

FONSECA, Dagoberto José da. *Políticas públicas e ações afirmativas*. São Paulo: Selo Negro, 2009 (Coleção Consciência em Debate).

FONSECA, Dagoberto José da; BENTO, Maria Aparecida. *África – Desconstruindo mitos*. São Paulo: Secretaria Municipal de Participação Popular e Parceria/Coordenadoria dos Assuntos da População Negra, 2009.

FREIRE, Paulo; GUIMARÃES Sérgio. *África ensinando a gente – Angola, Guiné-Bissau, São Tomé e Príncipe*. Rio de Janeiro: Paz e Terra, 2003.

GIORDANI, Mario Curtis. *História da Ásia anterior aos descobrimentos*. Petrópolis: Vozes, 1997.

GOMES, Arilson dos Santos. "A formação de oásis: dos movimentos frentenegrinos ao Primeiro Congresso Nacional do Negro (1931--1958)". In: *Anais do IV Encontro Escravidão e Liberdade no Brasil Meridional*, Curitiba, Paraná, 2009.

GOMES, Flávio dos Santos. *Histórias de quilombolas: mocambos e comunidades de senzalas no Rio de Janeiro, século XIX*. São Paulo: Companhia das Letras, 2006.

HANCHARD, Michael George. *Orfeu e o poder: o movimento negro no Rio de Janeiro e São Paulo (1945-1988)*. Rio de Janeiro: EdUerj, 2001.

HERNANDEZ, Leila Maria Leite. *A África na sala de aula – Visita à história contemporânea*. 2. ed. São Paulo: Selo Negro, 2008.

KI-ZERBO, Joseph. *Para quando a África? Entrevista com René Holenstein*. Rio de Janeiro: Pallas, 2006.

LOPES, Nei. *Enciclopédia brasileira da diáspora africana*. 3. ed. São Paulo: Selo Negro, 2004.

LOVEJOY, Paul E. *A escravidão na África: uma de suas transformações*. Rio de Janeiro: Civilização Brasileira, 2002.

MAESTRI, Mário. *O escravismo no Brasil*. São Paulo: Atual, 1994 (Coleção Discutindo a História do Brasil).

_____. *História da África negra pré-colonial*. Porto Alegre: Mercado Aberto, 1988.

MARQUESE, Rafael de Bivar. "A dinâmica da escravidão no Brasil – Resistência, tráfico negreiro e alforrias, séculos XVII a XIX". In: *Novos Estudos Cebrap*, n. 74, São Paulo, mar. 2006, p. 107-23.

Moura, Clóvis. *História do negro brasileiro*. São Paulo: Ática, 1992.

Munanga, Kabengele; Gomes, Nilma Lino. *Para entender o negro no Brasil de hoje: história, realidades, problemas e caminhos*. São Paulo: Global/Ação Educativa, 2004.

Oliveira, Rachel de. *Tramas da cor – Enfrentando o preconceito no dia a dia escolar*. São Paulo: Selo Negro, 2005.

Oliver, Roland. *A experiência africana – Da pré-história aos dias atuais*. Rio de Janeiro: Zahar, 1994.

Queiroz, Suely Robles Reis de. *Escravidão negra no Brasil*. 3. ed. São Paulo: Ática, 1993 (Coleção Princípios).

Ribeiro, Esmeralda; Barbosa, Márcio (orgs.). *Cadernos negros, três décadas: ensaios, poemas, contos*. São Paulo: Quilombhoje/Secretaria Especial de Políticas de Promoção da Igualdade Racial, 2008.

Santos, Gevanilda. *Relações raciais e desigualdade no Brasil*. São Paulo: Selo Negro, 2009 (Coleção Consciência em Debate).

Secretaria Municipal de Educação do Município de São Paulo. *Orientações curriculares: expectativas de aprendizagem para educação étnico-racial na educação infantil, ensino fundamental e médio*. São Paulo: SME/DOT, 2008. Disponível em: < http://portalsme.prefeitura.sp.gov.br/Documentos/edesp/BibliPed/publica/educacaoetnicoracial.pdf >.

Serrano, Carlos; Munanga, Kabengele. *A revolta dos colonizados – O processo de descolonização e as independências da Ásia e da África*. São Paulo: Atual, 1995.

Serrano, Carlos; Waldman, Maurício. *Memória d'África – A temática africana em sala de aula*. São Paulo: Cortez, 2007.

Silva, Alberto da Costa e. *A África explicada aos meus filhos*. Rio de Janeiro: Agir, 2008.

Silva, Dilma de Melo. *Por que riem da África?* 2. ed. São Paulo: Terceira Margem, 2009 (Coleção Percepções da Diferença: Negros e Brancos na Escola, 6).

Tavares, Luís Henrique Dias. *História da Bahia*. 10. ed. São Paulo: Unesp; Salvador: Edufba, 2001.

VERGER, Pierre. *Fluxo e refluxo do tráfico de escravos entre o Golfo do Benin e a Bahia de todos os Santos, dos séculos XVII a XIX*. São Paulo: Corrupio,1987.

Vídeos sugeridos

A negação do Brasil: o negro na telenovela brasileira – Direção Joel Zito de Araújo (Brasil, 2001).

Amistad – Direção Steven Spielberg (EUA, 1997).

À procura da felicidade – Direção Gabriele Muccino (EUA, 2006).

Atlântico negro: na rota dos orixás – Direção Renato Barbiere (Brasil, 1998).

As filhas do vento – Direção Joel Zito de Araújo (Brasil, 2005).

Carolina Maria de Jesus – Direção Jéferson De (Brasil, 2003).

Cartola – Direção Lírio Ferreira e Hilton Lacerda (Brasil, 2005).

Chico Rei – Direção Walter Lima Jr. (Brasil, 1986).

Chico Rei (documentário) – Direção André Reis Martins (Brasil, 1988/ 1989).

Ganga Zumba – Direção Carlos Diegues (Brasil, 1964).

Infância roubada – Direção Gavin Hood (África do Sul/Reino Unido, 2005).

Kirikú e a feiticeira – Direção Michel Ocelet (França/Bélgica, 1998).

Kirikou 2 – Os animais selvagens – Direção Michel Ocelet (França/Bélgica, 2005).

Orí – Direção Raquel Gerber (Brasil, 1989).

Quilombo – Direção Carlos Diegues (Brasil/França, 1984).

Um grito de liberdade – Direção Richard Attenbourough (Inglaterra, 1987).

Uma jornada de esperança – Direção David Hickson (África do Sul/EUA, 2003).

Vista a minha pele – Direção Joel Zito de Araújo (Brasil, 2004).

História da África e afro-brasileira

Sites interessantes

Casa das Áfricas (www.casadasafricas.org.br) – Centro de pesquisa e promoção de atividades culturais relacionadas com o continente africano. A instituição também promove o diálogo entre instituições e pesquisadores que tenham a África como foco.

Centro Brasileiro de Informação e Documentação do Artista Negro – Cidan (www.cidan.org.br) – Apresenta a biografia de diversos artistas brasileiros e disponibiliza para pesquisa um banco de dados de artistas negros.

Centro de Estudos das Relações de Trabalho e Desigualdades – Ceert (www.ceert.org.br) – Organização não governamental que realiza importantes pesquisas sobre relações raciais no Brasil.

Centro de Pesquisa e Documentação Histórica Contemporânea do Brasil da Fundação Getulio Vargas (www.fgv.br/cpdoc) – Site que disponibiliza, entre outras informações, seu acervo de história oral, que reúne cerca de quatrocentos depoimentos gravados com pessoas que participaram de acontecimentos relevantes na história contemporânea do Brasil.

A Cor da Cultura (www.acordacultura.org.br) – Projeto educativo de valorização da cultura afro-brasileira, fruto de uma parceria entre o Canal Futura e a Petrobras. Disponibiliza produtos audiovisuais, ações culturais e coletivas que visam a práticas positivas, valorizando a história desse segmento da população.

Fórum África (www.forumafrica.com.br) – Entidade de caráter social, cultural e recreativo que divulga encontros, movimentos de solidariedade e informações sobre a África.

Geledés – Instituto da Mulher Negra (www.geledes.com.br) – Organização política de mulheres negras que tem por missão institucional o combate ao racismo e ao sexismo, bem como a valorização e a promoção das mulheres negras. Divulga programas, notícias, artigos e textos.

Jornal Ìrohìn (www.irohin.org.br) – Publicação impressa e digital que apresenta assuntos não abordados pela grande imprensa e diretamente relacionados com a comunidade negra, como racismo, discriminação racial, ações protagonizadas por organizações negras, acompanhamento de políticas públicas, produção cultural e direitos humanos.

Literafro (www.letras.ufmg.br/literafro) – Disponibiliza um mapeamento da literatura afro-brasileira, destacando nomes de escritores(as) negros(as) e sua rica produção literária no Brasil.

Museu AfroBrasil (www.museuafrobrasil.com.br) – Instituição que contribui para a formação educacional, artística, intelectual e moral de negros e brancos. Seu acervo é bastante rico.

Museu da Pessoa (www.museudapessoa.net) – Disponibiliza relatos autobiográficos diversos e sugestões de como organizar essas produções.

Portal Afro (www.portalafro.com.br) – Traz informações sobre artes, culinária, entidades, entrevistas, história, mulheres etc., além da *Revista do Portal*, com artigos na íntegra.

Apêndice
Atividades para os educadores

Objetivos
- Apresentar novas possibilidades de entender, reconhecer e valorizar a participação da população afro-brasileira na formação do país.
- Trabalhar com temas e grupos deixados na invisibilidade por séculos de história, enfatizando-os para que possamos enxergar a nós mesmos – e ao Brasil – muito melhor.
- Priorizar, no processo de aprendizagem, a identificação e compreensão de conceitos, a reflexão e atuação cidadã, dando vez e voz ao educando.
- Desconstruir e construir conceitos e opiniões.
- Estimular a formação de um cidadão crítico.

Proposta de trabalho
Nossa proposta se baseia na metodologia da investigação e na construção coletiva do conhecimento. Os fundamentos teóricos são obtidos em diversos meios e provêm de várias

fontes, como: livros, filmes, revistas, dicionários, jornais, poemas, contos, histórias populares, sites, músicas, imagens, lugares e pessoas. Eventualmente trabalha-se com arte, colagem, reciclagem etc. As etapas dessa proposta de trabalho são as seguintes:

1. Apresenta-se o tema.
2. Verifica-se o conhecimento prévio dos alunos sobre o tema. Nesse momento, não há certo nem errado. É importante que o aluno diga o que sabe sobre o assunto.
3. Problematiza-se a temática, partindo de uma questão ou situação desafiadora, que estimule a descoberta.
4. Realiza-se uma atividade integrada pertinente ao tema abordado. A classe toda trabalha em conjunto ou divide-se em grupos.
5. Exibem-se vídeos, fotografias ou outras fontes visuais para ressaltar determinados aspectos do tema apresentado.
6. Estimula-se a leitura de textos jornalísticos, científicos e literários que abordem a temática de maneira crítica.
7. Propõem-se atividades complementares, como pesquisas, entrevistas, visitas etc.
8. Socializa-se a aprendizagem: os alunos compartilham com colegas, com a classe ou com a escola o que aprenderam.
9. Faz-se a avaliação, momento em que se elabora a síntese do que foi aprendido.
10. Realiza-se a autoavaliação. Esse é um momento de reflexão pessoal, em que o aluno avalia como apren-

deu, como participou das atividades e o que isso acrescentou aos seus conhecimentos.

11. Abre-se espaço para críticas e sugestões.

Nas fases de avaliação e autoavaliação, devem-se levar em conta os seguintes aspectos:

- Relevância da temática.
- Importância das atividades vivenciadas.
- Atuação do educador.
- Desempenho do educando.
- Expressões – cênicas, escritas, orais, plásticas, musicais – que surgem do conhecimento.

SUGESTÃO DE ATIVIDADES[23]

Tema I – Cidadania no contexto da cultura africana e afro-brasileira

Material: filme *Crianças invisíveis*

Antes do filme: o que espera ver num filme com esse título?

Durante o filme: foco na história de Bilú e João.

Depois do filme: a) O que aparece nas cenas? O que você vê?; b) Descreva e comente a cena que chamou mais sua atenção; c) Que pessoas aparecem no filme?; d) Observando o garoto que vende cobre no depósito, durante a transa-

....

23. Estas e outras atividades podem ser encontradas nas *Orientações curriculares: expectativas de aprendizagem para educação étnico-racial na educação infantil, ensino fundamental e médio* (veja as informações completas nas Referências Bibliográficas que se encontram no fim deste Apêndice).

Elisabete Melo e Luciano Braga

ção de compra e venda de material reciclável, qual habilidade você destaca como necessária para essa profissão?; e) Você saberia dizer por que João saiu desconfiado do valor recebido, ao concluir a venda do material?

Atividades em grupo: a) Que fatores influenciam a qualidade de vida?; b) Você conhece iniciativas na sua cidade ou no seu bairro voltadas para os problemas mencionados?; c) Identifique grupos sociais mais vulneráveis aos problemas e justifique; d) Pesquise, no Estatuto da Criança e do Adolescente (ECA), artigos relacionados com o tema.

Argumentação provável obtida depois da observação: a) Qualidade de vida/saúde; b) Trabalho insalubre; contato com material contaminado; c) Alimentação inadequada, desbalanceada, sem higiene; d) Higiene pessoal: não se faz menção a hábitos como escovar os dentes, tomar banho, vestir roupa limpa etc.

Atividades complementares: a) Relacione as imagens do filme com a realidade cotidiana e seus reflexos na sociedade; b) O que sabe sobre as pessoas que exerceram ou exercem essa atividade?; c) [mostra-se a foto de Carolina Maria de Jesus] O que sabe sobre essa mulher?; d) Leitura de trechos da biografia de Carolina; e) Relacione aspectos importantes da biografia (síntese); f) Existe relação entre a vida de Carolina e a de alguém que você conheça? Explique.

Aprofundando o tema: a) Cite alguns heróis que você conhece; b) Exibição do vídeo *Heróis de todo o mundo – Carolina Maria de Jesus*; c) Discussão de propostas afirmativas para atender os profissionais que trabalham com reciclagem; d) Escolha um herói ou heroína e escreva a biografia dele(a). Pode ser alguém da família ou da comunidade; e) Construa sua autobiografia, incluindo fotos, desenhos e relatos; f) Com-

História da África e afro-brasileira

parando a vida das crianças do filme *Crianças invisíveis* com a história de Carolina Maria de Jesus, o que você observa nas relações de amizade, de trabalho e familiares?; g) Comente a frase: "Sou uma cidadã negra brasileira"; h) O que é ter igualdade de oportunidades? Exemplifique com a simulação de uma cena.

Tema II: Bichos da África

Material: artigo "Madagascar e seus bichos curiosos"[24]

- Que lembranças têm da África (anotar todas as falas)?
- O que temos aqui no Brasil que veio da África?
- Exibição do vídeo *Madagascar*.
- Quais animais e árvores aparecem no filme?
- Pesquisar animais e árvores nativos de Madagascar.
- Visita ao zoológico.
- Ficha do bicho: durante o passeio, anotar e fotografar animais que vieram da África.
- Estudo do mapa: localizar e pintar o continente africano e o país Madagascar.

Tema III: A violência

Atividade: júri simulado.

Etapa 1 – Os alunos deverão escrever sobre os seguintes assuntos: a) ações violentas dos senhores de escravos; b) ações violentas praticadas/sofridas por algum integrante da

....

24. Veja as informações completas nas Referências Bibliográficas que se encontram no fim deste Apêndice.

comunidade; c) direitos humanos (especialmente o direito à vida, à liberdade e à autonomia sobre os pensamentos e o próprio corpo).

Etapa 2 – Criação de um júri para deliberar a respeito dos atos violentos praticados em cada situação. Pode-se dividir a turma em grupos e criar um júri para cada caso. O júri deve ser composto por: a) juiz; b) equipe de acusação e de defesa; c) jurados; d) testemunhas de acusação e de defesa; e) provas para o júri.

Etapa 3 – Montagem e dramatização da cena do tribunal, representando a condenação pelos atos violentos.

Etapa 4 – Após a simulação, os alunos deverão: a) refletir sobre o comportamento dos envolvidos; b) discutir a legislação referente ao ato criminoso; c) esclarecer as penalidades que o condenado sofrerá; d) produzir um texto coletivo com propostas de medidas preventivas contra a violência social; e) publicar essas propostas no mural ou jornal da escola.

Tema IV: Ações afirmativas destinadas aos afrodescendentes

Atividade: mesa-redonda.

Etapa 1 – Pesquisa sobre ações afirmativas implementadas em favor dos afrodescendentes (inclusive com levantamento da legislação pertinente ao tema).

Etapa 2 – Leitura do texto "Desigualdades nas questões racial e social"[25].

....

25. Veja as informações completas nas Referências Bibliográficas que se encontram no fim deste Apêndice.

Etapa 3 – Concretização da mesa-redonda, composta de três ou quatro pessoas. O professor assume o papel de mediador das falas e controla o tempo. Os demais alunos são espectadores da discussão, mas podem fazer perguntas. Ao final do debate, elabora-se um relatório.

Tema V: Racismo

Atividade: pesquisa de opinião (por amostragem) sobre a existência ou não de racismo na escola.

Objetivo: entender, por meio de um questionário, como determinado assunto é visto por algumas pessoas.

Local: a própria escola.

Material: lápis ou caneta, caderno, microfone, gravador e as questões da pesquisa.

Público-alvo: 50 alunos(as) de todos os períodos.

Procedimentos: a) elaborar o questionário; b) sair a campo; c) tabular os dados, organizando-os em uma tabela; d) representar os percentuais obtidos em um gráfico; e) apresentar os resultados à escola e promover um debate sobre o tema.

Tema VI: Quilombos atuais

Objetivos: motivar a pesquisa sobre o tema e refletir acerca do significado de quilombo e de periferia hoje.

Etapas: a) tempestade de ideias (momento em que os alunos podem falar à vontade a respeito do que pensam do assunto) sobre a seguinte pergunta: "O que é um quilombo urbano?"; b) apresentação da música *O quilombo urbano e as representações sociais* (grupo Z'África Brasil), acompanhada da letra; c) reflexão coletiva: analogias entre o capitalismo de hoje e o mercantilismo colonial e comparações entre a resistência hoje e a que havia durante a escravização; d) problematização: descobrir como se configuram os quilombos urbanos e quais são suas manifestações culturais, por meio de uma pesquisa de campo. Os alunos deverão visitar tais quilombos, verificando se apresentam uma agenda cultural com os eventos, as datas, o local e os horários. Em seguida, preparam um relatório com informações e fotografias. Ao final da pesquisa, organizam um grande encontro com a comunidade, garantindo a exibição de fotos, depoimentos e palestras. Na escola, também se podem organizar outras ações, como saraus, festivais, peças de teatro, feiras, seminários e apresentações de dança.

REFERÊNCIAS BIBLIOGRÁFICAS DAS ATIVIDADES

Livros, artigos, revistas e sites

ÁFRICA DE TODOS NÓS. *Revista Nova Escola*, nov. 2005.

CARRIL, Lourdes. *Quilombo, favela e periferia: a longa busca da cidadania.* São Paulo: Annablume, 2006.

IGUALDADE DE TRATAMENTO E DE OPORTUNIDADES. Programa Nota 10 – Especial A Cor da Cultura, programa 3. Disponível em: < http://www.acordacultura.org.br/main.asp?Team = {D92B201F-6148-4AE1-8-A85-CB89A70E1A17} >.

MADAGASCAR E SEUS BICHOS CURIOSOS. *Ciência Hoje das Crianças.* Especial África, n. 168, maio 2006, p. 16-9.

MUNANGA, Kabengele; GOMES, Nilma Lino. "África: berço de diversas civilizações". In: *Para entender o negro no Brasil de hoje: história, realidades, problemas e caminhos.* São Paulo: Global/Ação Educativa, 2004, p. 26-30.

História da África e afro-brasileira

_____. "Mas afinal, o que são cotas raciais?" In: _Para entender o negro no Brasil de hoje: história, realidades, problemas e caminhos_. São Paulo: Global/Ação Educativa, 2004, p. 191-7.

PAIXÃO, Marcelo. "Desigualdade nas questões racial e social". In: _Saberes e fazeres, v. 1: modos de ver_. Rio de Janeiro: Fundação Roberto Marinho, 2006, p. 21-35 (Projeto A Cor da Cultura). Disponível em: < http://www.acordacultura.org.br/main.asp?View = {59F7D946-A3E2-4F0F-9CFA-F10E4676FC76} >.

VÁRIOS AUTORES. _Negros e currículo_. Florianópolis: Núcleo de Estudos Negros, s/d. (Série Pensamento Negro em Educação, v. 2.)

_____. _Os negros, os conteúdos escolares e a diversidade cultural – I_. Florianópolis: Núcleo de Estudos Negros, s/d. (Série Pensamento Negro em Educação, v. 3.)

Vídeos

Crianças invisíveis (All the invisible children) – Episódio "Brasil – Bilú e João". Direção Kátia Lund (Itália, 2005).

Heróis de todo o mundo – Carolina Maria de Jesus. Projeto A Cor da Cultura. Disponível em: < http:// http://www.acordacultura.org.br/main.asp?Team = {B27E1A6A-FDF3-4718-96A8-D3B5B45FEC6C} >.

leia também

POLÍTICAS PÚBLICAS E AÇÕES AFIRMATIVAS
Dagoberto José Fonseca

As políticas públicas no Brasil sempre foram implementadas em benefício de uns e prejuízo de outros. Resgatando o passado histórico brasileiro da época do "descobrimento" até os dias recentes, o autor mostra que o Estado brasileiro deixou sistematicamente de lado negros e indígenas na constituição da sociedade democrática. Fonseca fundamenta, assim, a necessidade de ações afirmativas que resgatem a dignidade e a autonomia dos excluídos.

REF. 40039   ISBN 978-85-87478-39-9

RELAÇÕES RACIAIS E DESIGUALDADE NO BRASIL
Gevanilda Santos

Este livro apresenta o ponto de vista histórico das relações raciais e das desigualdades no Brasil, começando no século XIX e chegando aos dias de hoje. A autora mostra novos caminhos para uma educação antirracista e, sobretudo, para estimular seus valores intrínsecos: a igualdade das relações sociais, a consciência política da diversidade histórica, o respeito às diferenças – caminhos esses que nos conduzem à cidadania plena.

REF. 40038   ISBN 978-85-87478-38-2

www.gruposummus.com.br

IMPRESSO NA
sumago gráfica editorial ltda
rua itauna, 789   vila maria
02111-031   são paulo   sp
tel e fax 11 **2955 5636**
sumago@sumago.com.br